AF392916

Darios y desvaríos de una doctora *jedi*

Mina M. Ladoc

PRÓLOGO
JESÚS MANZANO

Título: ***Darios y desvaríos de una doctora jedi***
©2023, Mina M. Ladoc

Diseño de cubierta: 2023, Mari Luz Montes
Ilustraciones de interior: 2023, Vicky Muñoz Bello
Maquetación: 2023, Mari Luz Montes

Primera edición: enero de 2023

ISBN: 978-84-19700-96-4

ÍNDICE

PRÓLOGO

Cuando Mina me dijo que había escrito un libro en el que se cuentan historias y reflexiones del día a día, pero mirados desde el prisma del humor, pensé: «¡Bien por Mina!». Porque la mayoría de gente, cuando escribe un libro, se pone en modo trascendental y utiliza palabras que a veces tiene que buscar en el diccionario porque nunca las ha usado en su vida cotidiana, y se pone una foto en la contraportada del libro con la cara muy seria como diciendo: «Eh, tú, que soy escritor, cuidado conmigo que soy culto, serio y fumo en pipa».

Pero luego la vida no es eso, la mayoría de escritores son gente culta e inteligente, pero una característica común de la gente culta e inteligente es su sentido del humor, porque cualquier persona medianamente lista sabe que sin humor la vida se convierte en un estercolero. Igual que la Tierra sin el sol sería un planeta frío y oscuro, la vida sin humor sería fría, oscura y encima aburrida.

El humor, respecto a uno mismo, es como los amortiguadores del coche, que hacen que cualquier bache que pilles en el camino lo notes mucho más suave y no te provoque un golpetazo en el culo y en la cabeza. El humor lo mejora todo, los momentos buenos y también los malos. Todos pasamos por baches en nuestra vida, pero como son inevitables, ¿no será mejor llevarlos con humor?

Además, es una de las pocas cosas que nos diferencia de la mayoría de animales. Ellos también están alegres, tristes, enfadados o relajados, pero no pillan los chistes, pobrecillos (aunque hay humanos que tampoco pillan los chistes..., pobrecillos también).

Y además el humor, respecto a los demás, es casi mágico a la hora del acercamiento entre dos personas, es como el aceite que necesitan los motores para que todas sus piezas dejen de chirriar y se relacionen con suavidad. Dicen que la risa es la distancia más corta entre dos personas y creo que es cierto. ¿Alguien es capaz de odiar a una persona que le hace reír de verdad? Lo dudo mucho.

El sentido del humor es atractivo y por eso nos gusta tanto rodearnos de gente que lo practica. Si, por ejemplo, te tienes que someter a una delicada intervención quirúrgica... ¿Quién prefieres que te opere, un tío divertido o el mejor cirujano que es un señor muy serio? Bueno, igual este es un mal ejemplo..., pero y ¿si buscas pareja? ¿No es maravilloso que tu pareja tenga mucho sentido del humor? Así que si tienes que elegir entre Brad Pitt o Marianico el Corto elijes... Bueno, da igual, no hacen falta ejemplos... En definitiva, lo que quiero decir es que todos preferimos rodearnos de gente con sentido del humor antes que de gente amargada o que están siempre enfadados por algo.

Por eso este libro es tan recomendable, porque tiene interesantísimas reflexiones, historias emocionantes, cotidianas, dudas existenciales, pero sobre todo tiene mucho sentido del humor, y el humor es un sentido tan necesario como los otros cinco. ¡Disfrutadlo!

Jesús Manzano

Cómico y guionista

www.jesusmanzano.com

Redes: @jesusFmanzano

PREFACIO

Querido lector/a, antes que nada, quiero agradecerte la confianza depositada al comprar este libro. Espero no defraudarte y que al menos pases un rato agradable leyéndolo. Ni siquiera yo misma sé muy bien cómo surge la idea de escribir sobre los acontecimientos cotidianos a través de un prisma irónico; supongo que siempre creí que el humor era la mejor forma de afrontar la adversidad o simplemente la vida.

Muchos de los *darios* aquí reunidos han sido publicados con anterioridad en mi muro de Facebook, un muro que está principalmente enfocado a asuntos de gramática, ortografía, sintaxis... ¿Y por qué no?, también humor.

Un muro en el que he intentado evitar publicar, en la medida de lo posible, fotos personales (en una sociedad en la que lo que más vende es la imagen); y pese a todo, mis queridos seguidores, mis maravillosos *padawan*, han dado y superado la talla apoyando con sus *likes* y sus comentarios a esta doctora *Jedi*. Si con mis publicaciones he ayudado a alguien o le he sacado una sonrisa..., me doy por pagada.

Y ahora, como lo prometido es deuda, os paso el meme del que surgió la idea de llamar *darios* a mis escritos.

Querido dario:

Hoy aprendí que la gente no sabe leer, porque ahí no dice diario.

No me queda más que desearte una feliz lectura.

Dra. Ladoc

LA LECTURA

Querido *dario*:

Ayer escuché una noticia que decía que la gente no lee. Las estadísticas no mienten. Así que pensando, pensando... ¡¡he descubierto la razón!! Seeeeh, he tenido una epifanía: la gente ya no lee... ¡¡porque está escribiendo!! ¡Que síííí! Que ahora todo el mundo escribe, tú. No tenéis más que fijaros en mí, aquí estoy dándole a la tecla; una persona que en el colegio consideraba una tortura escribir una redacción. Cualquier cosa me parecía más divertida: unas divisiones, un listado de reyes godos, una clase de ríos de España, hasta correr en Educación Física alrededor del patio me parecía una actividad más divertida. ¡¡Y mira que correr es aburrido!! Pues yo no podía con las redacciones.

Y aquí me tenéis, una lectora reconvertida en escritora. He de reconocer que sigo leyendo mucho, pero no me negaréis que todo este tiempo perdido escribiendo (perdido, sí, perdido, que esto no me va a dar de comer y quita muchas horas de vida) lo podría estar invirtiendo en leer algún autor que escribe mucho mejor que yo y que se gana la vida con ello. Pues lo que me pasa a mí, ahora le pasa a todo el mundo *¡xe!* La gente ya no tiene tiempo de leer, todo el día ahí, dale que te pego, publicando y publicando...

Claro, mientras estás escribiendo, pues no lees. Y como no lees, pues escribes mal. Eso es así. La gente que ha estudiado lógica esto lo entiende a la perfección (a mí me cuesta más porque cuando dieron lógica en el instituto pillé una gripe y falté a clase, así que en lógica tengo solo el nivel usuario).

Aquellos que sí han asistido a clases, esto lo tienen claro. Mirad, si llamamos *A* a *ser un buen escritor* y *B* a *ser un gran lector*, podemos afirmar sin riesgo a equivocarnos que: *si A, entonces B*. Pero como siempre explican los profes de lógica, incurriremos en una falacia formal si afirmamos su recíproca o conversa: *si B, entonces A*. Vamos, traducido: que si eres un buen escritor por necesidad has de ser un gran lector. Pero ser un gran lector no te convierte en un buen escritor, y lo que ya es imposible es ser un buen escritor si no lees, es decir, *no B implica no A*.

Eso es así, es lógica, no se puede nada contra la lógica. ¿No lo entendéis? Estaríais también con gripe. ¡¡Haberse vacunado!! Siempre podéis preguntar a algún profe de filosofía, porque yo con mi nivel usuario no os lo puedo explicar mejor.

Por tanto, aquí estamos, en una situación bastante peliaguda. Una que ha crecido con los clásicos; esta humilde maestra *Jedi* que reverenciaba cuando encajaban todas las piezas en las novelas de Agatha Christie, cuando no quedaban flecos en ninguna historia, se encuentra con que hay, ya no en novelas de cualquier escritor de medio pelo —como aquí una servidora—, sino en superventas traducidos a varios idiomas y vendidos en muchos países, historias que no se sostienen. Por lo que llegas a un punto que no te cuadra la trama y te sientes estafada.

Os voy a explicar un poco para que me comprendáis. En una de las últimas novelas negras que he leído, hay un asesino en serie (hasta aquí todo guay) que mata y descuartiza a sus víctimas (esto también bien... Para las víctimas no tanto, claro). Pero las descuartiza... poco. ¿Qué le vamos a hacer? Eso de descuartizar debe ser extenuante, y más si lo haces con el cuchillo con el que te cargas a las víctimas. Que cuando se tiene una sierra mecánica, se facilita mucho el asunto, pero si la cosa es manual... Además, ¡imagina que pillas hueso...! Yo nunca podría ser psicópata descuartizadora manual, solo de pensar en el ruidito si pillas hueso, que debe ser parecido a rascar el plato con el tenedor, me da una denteraaaa. Ufff, imposible. Pues eso, como el tío va con el cuchillito de trinchar el pavo, solo corta cabeza y piernas, y va que chuta. El individuo, claro, necesita entonces una maleta de dimensiones considerables para meter los trozos, porque al final le ha quedado un set de Lego de cuatro piezas... bastante grande.

Los polis de la novela, cuando encuentran a la primera víctima en el río, comentan que esas maletas gigantes ya no se fabrican, que las han prohibido en los vuelos y blablablá. Pues a pesar de que no se venden y de que es muy difícil conseguirlas, los cadáveres siguen apareciendo en ellas. ¿¡¡De dónde narices saca este tío tanta maleta!!? ¡¡Cómprate una sierra mecánica, hombre!! ¡¡Vamos a hacer las cosas bien, tú!! ¡¡O un cuchillo eléctrico al menos!! ¡¡Que eso es de primero de descuartizador!! Así ya haces los trocitos más pequeños y mirando a la Marie Kondo pues me lo vas encajando en una maleta tamaño normal, de las que venden en cualquier parte. Que puede que alguien tenga dos maletas de ese tamaño en su casa..., pero ¡¡cuando ya vas por la quinta víctima!! ¿Qué armarios y qué altillos tiene este hombre para guardarlas? Que en los pisos de ahora eso no cabe, te lo digo yo. Y la poli... ¿por qué no sigue el rastro de la compra de este tipo de equipaje? ¡¡Hombre, ya!! Y a mí estos detalles, que para otro quizá no tengan importancia, me exasperan. ¿Qué le vamos a hacer? Si al menos el autor no hubiera dicho que las maletas eran imposibles de conseguir... ¡Que me he pasado yo noches pensando de dónde salía tanta maleta, jolín! Pues me quedé con las ganas de saberlo... El autor no lo explica. ¡Una rabia!

En otra novela, también de psicópata asesino (es que este tipo de personaje vende mucho, eso es así); el fulano, antes de matar a sus víctimas las secuestra. Permitidme un inciso antes de continuar: las víctimas siempre son mujeres, jóvenes, guapas, caucásicas, con cuerpos esculturales, ¡cómo no! Que personalmente, porque ya superé el rango de edad, pero he vivido atemorizada hasta hace unos años... ¡¡Claro!!, como encajaba a la perfección en el perfil de víctima... ¿Qué problema tienen los psicópatas de las novelas con los hombres feos, bajitos y fofisanos? Jolines, que yo he estado años en un sinvivir, pensando que cualquier día me secuestraban a la salida del súper. Y eso te quita años de vida, que se habla poco de ello, pero las guapas de cuerpo escultural sufrimos mucho con estas cosas.

Pues como iba diciendo, el individuo les daba un cachiporrazo en la cabeza y las dejaba inconscientes, las ataba, las metía en el maletero y ya se las llevaba a su lugar de tortura, antes de matarlas. Que oye, para dejar a alguien inconsciente con un golpe y que luego al despertar no tenga un edema cerebral o un hematoma subdural... ¡¡hay que tener un arte!! Yo eso se lo reconozco. Que igual en la técnica de descuartizar no estarán muy puestos, pero en el tema de dejar inconsciente..., en ese les pongo un sobresaliente. Con un solo leñazo las noquea y después se despiertan siempre ¡¡¡sin secuelas neurológicas!!!, eso sí, con un tremendo dolor de cabeza, pero vamos, entra dentro de lo esperable.

Pues en una de estas, el psicópata se ve interrumpido en su proceso de atar y meter a la joven, escultural y guapísima víctima en el maletero porque aparece una oficinista vieja y fea por la calle... a la que ¡¡claro!!, no puede matar porque no entra dentro del perfil (que a mí me parece un poco de discriminación que no se mate a las feas, ¡mira, lo tenía que decir!). Entonces, no le da tiempo a quitarle el teléfono móvil a la chica, así que sube corriendo al coche y arranca. Yo tampoco es que me quiera meter en el trabajo del psicópata, que seguro tiene más experiencia que yo en estas cosas del secuestro y demás. Pero ¿por qué no paras en el primer callejón sin gente, la atas y le quitas el móvil, sin prisas? Total, para torturarla vas a tener días. No me seas ansias de llegar tan pronto y haz las cosas bien. La cuestión es que esta vez, el cachiporrazo no es tan fuerte y la joven se despierta dentro del maletero, y observa que tiene el móvil. ¡Que también es casualidad que justo se le despierte la que conserva el móvil! ¡Mira, mala suerte, señor psicópata! ¿Y a quién llama la muchacha? Pues a su amiga que se ha ido de farra la noche anterior y tiene el móvil apagado. Eso sí, salta el contestador y le deja un mensaje, con el tiempo justito, antes de volver a desmayarse. Que vale, que te han dado un golpe en la cabeza y con toda seguridad no estás para pensar, pero ¿qué tal si llamamos a la policía? A ver, es una idea de esas locas que se me ocurren. Porque si sabes que tu amiga empina el codo cuando se va de marcha... ¡Jolín, no la llames! ¡Que no te lo va a coger! Es como tener el comodín de la llamada en la última pregunta de un concurso, y llamar a Homer Simpson. ¡¡Venga ya!!

A todas estas cosas me refiero cuando digo que ya no se escribe bien. Las historias no son creíbles. Estas cosas no encajan, chirrían... Y no me hagáis hablar de todos esos personajes varones, protagonistas, que se tienen que pasar por la piedra a todo el elenco femenino de la novela ¿En serio? ¿A todas? ¿Será necesario? Que vale, que serás muy carismático, pero... ¿a tus amigas lesbianas también? ¡No se respeta nada ya! O esos personajes femeninos creados por escritores varones y que pretenden ser fuertes, empoderadas, y simplemente las pintan como unas bordes de cuidado sin conmiseración alguna. Y toooodas con problemas con la bebida. Que te dan unas ganas de comprar acciones de Johnnie Walker... Y siempre amargadas, con lo chulo que es llevar pistola y pillar a los psicópatas. Pues no, los pillan y una cara de chupar limones... ¡¡Que no me las quiero imaginar si se les escaparan!! En fin, no me quiero extender más que si no, esta redacción no la va a leer nadie.

Mis queridos *padawan*, escribir bien es chulo, que te lean lo es aún más, pero gustar es ya ¡la leche! Para escribir bien que te lean y gustar, lo esencial es leer mucho, muchísimo... y aun así, la aptitud no está garantizada. Y si no me creéis..., ¡para muestra, un botón!

Dra. Ladoc

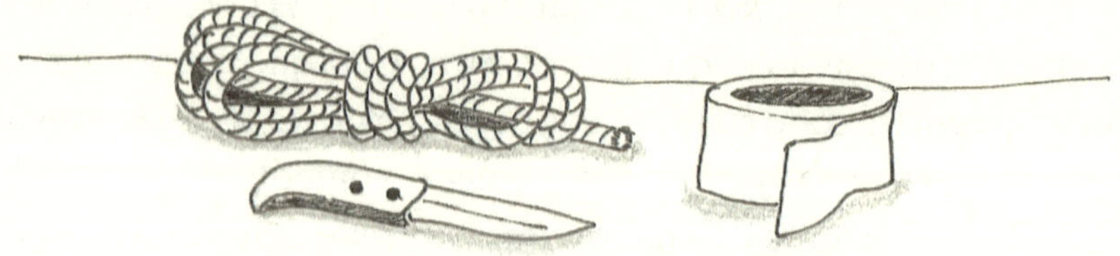

SITIOS DONDE VIVIR

Querido *dario:*

Seguimos en plena ola de calor y en Valencia se pasa mal, y no me vale que los mesetarios empecéis con que allí se superan los cuarenta grados, que nosotros tenemos la playa y blablabá. Aquí en ocasiones sopla el viento de poniente y también llegamos a los cuarenta, no obstante, este tipo de calor se soporta mucho mejor que cuando tenemos treinta y cinco grados con una humedad del 2000 %, como suele ser aquí habitual. Vale, no será tanta humedad, pero se aproxima. Y no me llaméis exagerada, que será verdad, pero no lo aguanto.

Aunque, en realidad, no tengo derecho a quejarme porque vivo en la *millor terreta del món* (la mejor tierra del mundo). Esto no voy a entrar ni a discutirlo, porque es tal cual y ya está, así que ¡chitón! Lo que sí que no entiendo es cómo hay gente viviendo en algunas zonas del planeta. ¡¡Que hay gente que vive en el desierto!! ¡¡Voluntariamente!! Pensaréis: ¡pocos!, porque si vivieran muchos, pues ya no sería desierto. Pero es que hay zonas donde se superan los 40 °C (fijaos que el simbolito de grado va pegadito a la letra y no al número... es un inciso para aprender algo y no solo leer desvaríos sin sentido). Lo que os iba diciendo, es que hay un porrón de ciudades, muy pobladas, en las que hace un calor del infierno. Por poner un ejemplo: Phoenix, en Arizona, pegadita al desierto de Sonora. ¡¡Que allí viven millón y medio de personas!! No dos o tres frioleros que pensaron: «Pues aquí al ladito del desierto se ha quedado buena tarde con sus 45 °C a la sombra». Nooo, millón y medio de pavos que viven allí y no se largan. ¡¡Será que no tienen sitio en Estados Unidos!!

Jolines, que seguro que algún lugar más fresquito tiene que haber para construirse esas casas de madera que hacen ellos, que tócate también los cataplines... A esta gente, el cuento de *El lobo y los tres cerditos* no se lo contaron nunca, ¿verdad? En tierra de tornados y ¡me construyen casitas de madera! Después se quejarán de que se les vuelan. ¡Yo de ellos en lugar de clavos uso Loctite! ¡Venga ya! Claro, esta gente como tiene poca historia..., que miren y vean cómo aguanta la catedral de Burgos después de casi mil años, ¡¡eso sí es construir como Dios manda!! Y ya no quiero meterme con sus puertas con mil cerrojos, a prueba de balas, peeeeeero... ¡¡¡Montadas entre dos cristales tamaño escaparate del Zara!!! Que como allí no tienen casi psicópatas y asesinos en serie... ¡¡Si es que con estas cosas, van provocando!!

Bueno, otro sitio donde también hay mazo de peña y hace un calor similar al de Mordor es Las Vegas. Eso sí, yo esto ya lo veo más normal como estrategia de *marketing* (y como veréis lo pongo en cursiva por ser una voz inglesa, y porque *mercadotecnia* que sería su equivalencia en español, me resulta muy rara. Un nuevo inciso para que no tengáis remordimientos de estar perdiendo el tiempo). A lo que iba, que haber montado Las Vegas en pleno desierto, pues es normal, la gente afuera se achicharra, así que no le queda otra que beber y jugar en el interior de los casinos. Todo calculado.

Y hasta aquí, pues uno puede pensar que esta gente viviendo en estos sitios quizá no sea lo más deseable, pero con una piña colada a la sombrita y un abanico, se podría soportar. Pero hay otros lugares que nunca nunca nunca jamás de los jamases entenderé cómo se poblaron. A ver, ¿quién narices llegó a Groenlandia y dijo: aquí me quedo? ¡Quién narices fue el primero! ¡¡Que solo había hielo!! Que hasta lo de las casas de madera en pleno tornado, me parece ahora una buena opción. ¿Ese tipo no vio que era verano y la máxima era de ocho grados? O el tipo que se asentó en Oymyakon en Siberia; el invierno que llegaron a los -67,8 °C me imagino a toda la población cagándose en las muelas del fundador de la ciudad.

Aunque esta gente está hecha de otra pasta, yo creo que son como *pokémon* superevolucionados. Allí las escuelas solo se cierran si las temperaturas bajan de los cincuenta y cinco grados bajo cero. Que suele ser la mínima promedio durante el invierno. ¿Qué deciros? Esos niveles de frío quedan fuera de mi rango de imaginación. Es como cuando hablan de miles de millones de euros, que yo ya me pierdo. Tenía una amiga en la facultad que su referencia para calcular el dinero era el número de bonobuses que podía comprar. Le decías «Esto me ha costado ochocientas pesetas», entonces eran pesetas, sí, que una es ya bastante mayor, y ella respondía «¡Ostras, eso son dos bonobuses!». Pues mi referencia son los paquetes de dónuts, y claro, con tanto millón de euros, yo me pierdo calculando cuántos dónuts son. Con estas temperaturas, me pasa lo mismo.

Me imagino al pobre niño por la mañana poniéndose el abrigo, los guantes y quejándose del frío y su madre: «Venga, venga, que no es para tanto, que solo estamos a cuarenta y cinco bajo cero. Hoy no hace falta que te lleves la bufanda, que siempre la pierdes cuando juegas a perseguir focas» (o a lo que jueguen allí los niños).

No como aquí, que en cuanto llueve dos gotas, los padres llevan a sus retoños en coche hasta la mismísima puerta del colegio y ¡montan cada atasco! Señores, ¡¡que sus hijos no son *gremlins*!! que se pueden mojar, no se van a disolver ni nada. A Oymyakon los enviaba yo, de intercambio, un invierno, ¡hombre ya!

En fin, viváis donde viváis, no olvidéis jamás que la lectura os puede transportar a lugares con climas mucho más benignos e indulgentes. Ah, y de leer nunca vosotros dejar debéis. Esta última frase es porque me vine arriba con lo de maestra *Jedi*. Que la fuerza de un buen libro os acompañe siempre.

Dra. Ladoc

TEST DE ANTÍGENOS

Querido *darío*:

Primer día del resto de mi vida. Esta semana he practicado más test de antígenos que en los últimos 4 meses. Segundo positivo, los aislados aumentan y ominosos presagios me van rodeando.

Una cosa buena tiene esto de los test: he encontrado individuos con una capacidad innata de ir inclinándose hacia atrás a medida que se acerca la torunda a la nariz. De hecho, ya he escrito tres cartas de recomendación al Cirque du Soleil para el puesto de contorsionista. Estas pequeñas cosas son las que me devuelven la esperanza en un futuro mejor.

Mañana volverá a ser el primer día del resto de mi vida, (esto de estrenar cosas cada día también me hace muchísima ilusión). Seguiremos informando. Mientras tanto, recomiendo una buena lectura, paracetamol y mucha agua.

Dra. Ladoc

SUPERPODERES

Querido *dario*:

Cuando en alguna ocasión me han preguntado: «¿Qué super-poder te gustaría tener?». Ya, ya, la gente es rara, ¡pregunta cada cosa...! De todas formas, en peores lides me he visto. En una ocasión escuché una conversación entre dos sujetos (y no, no era yo con otra persona, yo no tengo este tipo de conversaciones, que soy toda una señorita educada en colegio de monjas y la elegancia y la clase es lo que me caracteriza), pues lo que os iba diciendo, la conversación iba más o menos así:

—¡Oye! Y tú ¿qué llegarías a hacer por mucho dinero?

—Pues no sé. ¿A qué te refieres? ¿De cuánto dinero hablamos?

—Pues por ejemplo, un millón de euros. ¿Comerías mierda por un millón de euros?

¡Lo que os decía! ¡Peores preguntas se hacen en este mundo! Lo cierto es que el sujeto interrogado, se quedó pensando un momentito y entonces dijo:

—Pero ¿sería mi mierda o la de otro?

Que cuando uno pregunta esto... ¡¡¡ES QUE LO ESTÁ CONSIDERANDO!!🤢🤢

Bueno, no seguiré por estos campos escatológicos y voy al tema que me ocupa: el superpoder que elegiría si tuviera ocasión de conseguir uno.

Como soy una persona analítica empecé a ver los pros y los contras de los superpoderes. Tener la capacidad para leer la mente molaría en caso de trabajar para las fuerzas del orden. Imaginad, todos los casos resueltos en tiempo récord. Después pensé que hay que hacer un montón de pruebas físicas para entrar en la policía y a mí el uniforme, me da, que no me iba a sentar bien (vaaaaale, llamadme coqueta, pero yo soy más de vestiditos y eso para ir corriendo detrás de los criminales...). Además, sabría todo lo que mis amigos piensan de mí ¡en todo momento!, con lo cual, me quedaría sin amigos. Naaah. Ese descartado.

La superfuerza. Ese molaría. Entonces pensé que no soy vasca y no levanto pedruscos del suelo. Un superpoder desperdiciado por tema geográfico. Con el añadido de que todos me pedirían ayuda en las mudanzas y me pasaría el día cargando muebles de aquí para allá. Otro descartado.

La invisibilidad. Entonces reflexioné, este es un superpoder para villanos. Pensadlo bien: colarse en sitios, espiar a gente, darle collejas a los que te caen mal... Además, ¡¡¡con lo friolera que soy yo...!!! Eso de ir desnuda todo el tiempo, tampoco me convencía.

Poder volar. Buaaaaah, ese le fliparía a mogollón de gente. Peeeeeeero, yo tengo vértigo, y no un poquito de vértigo, nooo. Vértigo nivel no poder ver vídeos de gente haciendo *puenting* sentada en el sofá de mi casa. ¡¡Sufro!! ¿Qué le vamos a hacer? Así soy yo. Hay que quererme con lo bueno y con lo malo.

Me estaba quedando sin superpoderes guapos, porque lo de tener visión de RX o poder ver a la gente desnuda... ¿qué queréis que os diga? Para una médica..., ¡¡pues eso!!, que ese *superpoder* ya lo tenemos y la verdad que tampoco mola tanto... Vistas mil personas desnudas, vistas todas. Sería como tirar un superpoder a la basura. ¿Y lo de lanzar bolas de fuego o rayos catódicos...? ¿Qué beneficios me iba a reportar eso? Supongo que estaría invitada a todas las barbacoas, pero naaah. No, tampoco.

Sin embargo, hay un superpoder que es el mejor de todos ¡¡con diferencia!! No tiene ni medio inconveniente y todo son ventajas: estoy hablando de la TELETRANSPORTACIÓN.

Seeeeeh. La teletransportación con capacidad de llevarte, allá a donde vas, todo aquello que esté en contacto contigo. ¿Qué te levantas con ganitas de desayunar en un cafecito de París? (que a ver dónde te lo tomas, eso sí, que para cobrarte seis euros por un café, a los parisinos no les tiembla *la baguette*). ¡Pero venga!, ¡que un día es un día!, pues te levantas y en lugar de enchufar la Nespresso, te teletransportas y te lo tomas en el Quartier Latin, Montmartre o en Saint-Germain-des-près.

Que te encanta viajar y, sin embargo, como mejor duermes es en casa. Pues te teletransportas por la mañana al sitio en cuestión: una playita de Jamaica, un fiordo noruego... ¡¡Donde tú quieras!! Y si te cansas... A dormir la siesta en tu sillón favorito. ¡¡Sin ningún problema!! Que un amigo te dice, «Aquí sí que hace calor y no donde tú estás», pues te teletransportas y lo compruebas *ipso facto*.

No tener que preocuparse del estado del tráfico, de las huelgas de Ryanair, de si se te ha olvidado el cepillo de dientes o las gafas de leer... Eso, ¡¡no tiene precio!! Que vas a un sitio y resulta que empieza a refrescar, en un plis plas te plantas en casa y ¡¡coges una rebequita!!

Solo por la pasta en taxis, trenes, aviones y el tiempo que te ahorras... Este superpoder es el maxisuperpoder. Eso sí, tendrías que mantenerlo en secreto, al menos en el trabajo, sino se te acabó la excusa del tráfico para poder llegar con retraso.

Imaginad, mis padawan, en cuántos hermosos lugares podríais leer un libro. En fin, siempre y cuando no leáis el relato de George Langelaan: *La mosca*.

Feliz día y no olvidéis supervitaminarse y mineralizarse.

Dra. Ladoc

METRO Y ARAGÓN

Querido *dario*:

Hoy he sido testigo de una conversación inverosímil en el metro. No soy una cotilla escuchando conversaciones ajenas, lo prometo. Simplemente era imposible no oírlo, a no ser que te perforases los tímpanos con algún palillo chino (y en ese momento, por desgracia, yo no llevaba ninguno a mano), ya que el grupo de unos catorce chavales, que rondarían una edad similar a la del número de sujetos que lo componían, hablaban a gritos.

Sé que muchos de vosotros, mis estimados *padawan*, no vais a creer que así se desarrollaron los hechos y que es todo una fantasía de mi mente, os aseguro que no es así. Voy a reproducir con exacta y precisa fidelidad lo que allí pasó.

Todo empezó con la pregunta:

—¿Dónde está Aragón?

Y entonces estalló la discusión dialéctica más flipante que escuché a gente que no fuera estadounidense, esos siempre nos ganan cuando competimos en ignorancia geográfica. Y de ellos, de los norteamericanos, me puedo burlar hasta yo misma, que la geografía nunca fue uno de mis puntos fuertes. Veréis, a mí esto de la localización espacial nunca se me dio muy bien, no sabría ni hacer

un croquis de mi casa. Pero lo que escuché en el metro...
Llegué, por un momento, a pensar que era una broma de esas de cámara oculta cuando el primer iluminado dijo:

—Aragón está en Castilla-La Mancha.

Gritos de indignación de sus compañeros, ahí me relajé un poco. «Debe ser el poco letrado del grupo», pensé. Entonces un segundo *iluminado* lo corrigió de su error (a gritos también).

—¡¡Qué dices!!, si Castilla-La Mancha está debajo de Galicia.

A lo que el increpado se defendió:

—¡Pero Castilla-La Mancha es muy grande!

Al parecer debe serlo, si ha llegado hasta el sur de Galicia (porque imagino que lo de estar debajo de Galicia no implicaba estar bajo tierra) y a la vez ha englobado a Aragón.

Entonces entró un tercero en la discusión y soltó:

—¡No tenéis ni idea!

«Aaaah, por fin el empollón del grupo», ya estaba un poco nerviosa, eran catorce chavales y ninguno desmentía las dos primeras versiones... ¡¡Me relajé demasiado pronto!! El supuesto empollón continuó:

—Aragón está en Barcelona.

De repente, Aragón había menguado de ocupar casi media península, a caber en la ¿provincia/ciudad? de Barcelona. Mucho maño para tan poco espacio, hasta para la física cuántica.

Imaginaréis que ya nadie podía añadir una barbaridad mayor, ¿no? Esperad un poco que sigo, *padawans* de poca fe. El empollón debía ser el líder porque fue coreado por unos cuantos que le dieron la razón. Pero como de autoestima iban todos tan sobrados como de analfabetismo geográfico, uno de ellos puntualizó a su, hasta ese momento, cabecilla con más adeptos, y soltó a voces:

—Aragón está entre Zaragoza y Barcelona. —Entonces, señalando a un par de compañeros que iban con el móvil en la mano, ordenó—: Buscadlo, buscadlo.

Ya está, pensé, menos mal que tienen en sus manos el instrumento para sacarlos de su error. Por fin tendrían la respuesta y aprenderían algo en un vagón de metro gracias a internet.

Pues resulta que los institutos podrían ahorrarse el dinero en inhibidores de frecuencia para que los chavales no copien usando sus móviles, porque ¡¡ni de eso fueron capaces estos individuos!! ¿Cómo va a pagarme esta gente la jubilación? A vosotros os dará risa, pero es que me veo con ochenta años cogiendo el metro para llegar al trabajo. 😭😭😭😭

Sigo. Los encargados de buscar dónde se encontraba Aragón sentenciaron mirando las pantallas de sus móviles, mientras exhibían la prueba irrefutable al resto un poco después:

—Mirad, Aragón está justo al lado de Zaragoza.

Todos dieron por resuelta la duda, el chico que había dicho que estaba entre Zaragoza y Barcelona dio un salto de triunfo, y pasaron a otra conversación sobre las uñas largas de los pies de uno de ellos.

Lo cierto es que reflexioné y me dije, «Y tú aquí preocupada por si "guion" o "truhan" ya no llevan tilde». Me he sentido taaaaan insignificante e irrelevante.

No vuelvo a coger el metro hasta que no se me pase el disgusto.

Queridos *padawan*, si no queréis ser como estos chavales, leed, insensatos.

Dra. Ladoc

DESPISTES

Querido *dario*:

    Siempre he sido una persona despistada, de las que pierden a su acompañante en el supermercado y buscan su camiseta roja en los pasillos, para acabar encontrándolo y preguntándole:

— ¿De dónde has sacado esa camiseta azul y cuándo te la has puesto?

Y recibir como respuesta un:

—De mi armario y esta mañana.

Con los nombres y las caras ya es mucho peor (mi amiga Vicky puede atestiguarlo). He llegado a estar hablando con alguien durante quince minutos sin tener la más remota idea de quién era. Normalmente, el interlocutor no suele darse cuenta y paso la prueba, no diré con sobresaliente, pero con un aprobado alto; excepto aquella vez en la que el interesado me había confundido con otra persona. Cuando nos dimos cuenta del entuerto, habíamos estado hablando tanto tiempo que no sabía si quería que me tragara la tierra o invitarlo a conocer a mis padres.

Mis despistes y olvidos son épicos. Podría tener un suculento fondo de pensiones con la pasta que he palmado perdiendo gafas de sol. Ahora, lo máximo que me gasto en unas son unos veinte euros, estas siempre encuentran el camino de vuelta a casa. He vaciado, desesperada, el bolso en mitad de la calle para buscar un teléfono móvil por el que estaba hablando en ese momento. Me he plantado incontables veces delante de otro coche que no era el mío intentando, sin éxito, abrirlo, (en mi defensa diré que eran bastante parecidos y hasta del mismo color...) Lo de *hasta del mismo color* es importante, ya que he perdido muchos minutos de vida en los aparcamientos buscando un coche gris, cuando hacía ya meses que lo que conducía era un coche rojo. Que ya me estoy planteando elegir un color de por vida y ahorrarme así los recorridos turísticos por todos los garajes de los centros comerciales. Y ya no diré los sustos que me he llevado pensando «¡Me han robado el coche!», hasta darme cuenta de que ese día había usado el transporte público.

Pero lo del otro día, creo que fue la gota que colma el vaso. Iba a salir de casa para ir a trabajar a las 6:30 de la mañana. La puerta suele tener la llave echada y puesta en la cerradura por la parte de dentro. Le di la vuelta a la llave y al abrir la puerta la saqué de la cerradura. Lo normal habría sido salir de casa, llaves en mano y cerrar la puerta. Pero una no es normal, ¿qué tiene de divertido ser normal? Así que mi cabeza me dijo «Vuelve al salón y deja las llaves sobre el sofá, después sal de casa y cierra la puerta. Y ahora, llama al timbre para recuperar las llaves (que necesitas para bajar al garaje) y que tu chico, ese que prefiere morir abrasado en un incendio a que le despierten para evacuar el edificio, se levante de la cama y te abra». ¿Y quién es capaz de no hacerle caso a su cabeza? Si es que son las que se ponen al mando y vamos todos firmes haciendo lo que se les ocurre. Lo normal es que las cabezas tengan sentido común, pero la mía debió faltar ese día a clase. Claro, pues allí me tenéis, frente a la puerta de mi casa con un dilema: llegar tarde al trabajo, mientras espero que mi chico se levante, o llamar y arriesgarme. Estuve a punto de llamar a la puerta de la vecina, me daba menos miedo. ¿Exagerada? Os estoy hablando de un tipo que cuando le pides la sal en la mesa y le das las gracias, responde: «De mucho».

Al final llamé, me abrieron y de momento no he recibido ninguna demanda de divorcio... Pero no quiero cantar victoria todavía. Nota mental: hacerse amiga de un cerrajero.

Dra. Ladoc

CUENTOS INFANTILES

Querido *dario*:

Hoy, reflexionando, me di cuenta de que mi generación salió bastante bien parada a pesar de los cuentos infantiles que nos contaban. Y es que, si te pones a analizar, eran más espeluznantes que ver el telediario.

Dicen que los terrores nocturnos empiezan en la infancia. Noooormal, ¡por culpa de los cuentos infantiles! ¡Pero si todos son historias terroríficas! ¿Cómo ibas a dormir bien?

Por poner un ejemplo: el de Pulgarcito. En este, los padres, como son pobres y no pueden alimentar a sus hijos, tienen la magnífica, estupenda e inmejorable idea de abandonarlos en el bosque. Así se mueren igual, pero ojos que no ven... Ya, si eso, ¡¡que se mueran en el bosque!!, que en casa no nos va bien y qué pereza empezar a cavar tumbas. Que después de aquello yo vivía en perpetua angustia por si despedían a mi padre del trabajo.

Otro, el de Caperucita Roja, que... ¿a qué madre se le ocurre enviar a su hija a través de un bosque con lobos...? ¡¡¡Sola!!! Y encima con una caperuza de color rojo. No un vestido de camuflaje, nooooo. De rojo, para que se la viera bien, ¡¡no fuera a ser miope el lobo!! Aquí yo veo bastante negligencia por parte de los servicios sociales de la época. Claro que yo, cavilando, también creo que para que esta niña confundiera al lobo con su abuela, ¡¡poco se depilaba esta señora o poco la visitaba su nieta!! Pero lo más espeluznante no acaba aquí, resulta que después de que el lobo se comiese a las dos, los leñadores las rescatan, ¡¡¡con vida!!!, abriendo al lobo en canal. Imaginad a un niño escuchando esto. Además, ¿eso era un lobo o una boa constrictor? Si es que, para cualquier mente racional, estas historias carecen de sentido. Hay cosas que no cuadran. Y ya no hablo de que los animales hablen (¡que también!).

Fijémonos ahora en el de Cenicienta. Eres un hada madrina, con poderes mágicos, ¿y no se te ocurre otra cosa que calzarla con zapatos de cristal? ¡¡Hay que ser un poquitín hija del mal!! Yo imagino a Cenicienta bailando con el príncipe y rezando para que dieran las doce y poderse descalzar de una vez. Y porque los príncipes de la época bailaban todos bien, porque si pillas a alguno torpe y te da un pisotón, podría haber sucedido cualquier desgracia. Pero es que, además, dan las doce y todo vuelve a su estado original. TODO, ¡¡menos los zapatos!! ¡Lo único que yo no querría volver a ver en la vida!

¡No hay rigor científico en estos relatos! ¿Qué me decís del tema de que el príncipe, para encontrarla, vaya probando el zapato en todos los pies de las jóvenes del reino? Yo ahí veo un claro problema de fetichismo, llamadme malpensada. Nada de «Hagamos un retrato robot». Pero ¿dónde miraba este pavo mientras bailaba? ¿En serio este método de búsqueda os parece el más adecuado? ¿Y qué pie calzaba Cenicienta? Porque una de dos, o Cenicienta podía dormir de pie o igual el príncipe podría haberse casado con cualquier prepúber.

Y ya no hablo de Blancanieves, limpiando la casa de siete tíos. Un poquito patriarcal se vería eso ahora. Yo no habría durado allí ni una semana. Básicamente porque eso de las tareas domésticas no es mi fuerte... A mí los enanos me habrían despedido sin pagarme el finiquito (y no los culpo, ¿eh?). Encima, ya hay que ser torpe para engatusarla con una manzana envenenada. ¡¡Yo no habría caído!! Con unos bombones, un cruasán de chocolate..., con eso, sí. Pero una manzana, ¿en serio? ¿No había nada más tentador que una fruta? Y entre las futas... ¡una manzana! Venga ya, hay que estirarse un poco señora bruja: un mango, unas fresas...

Y luego el de la sirenita, que el de Disney acaba *bien*, pero en el de verdad la sirenita acaba compuesta y sin novio. Que después salvarle la vida al príncipe, de renunciar a su voz, de que las piernas le duelan cada vez que anda y de que el tío le dijese que era el amor de su vida..., va y el pavo se casa con la princesa el reino vecino. Entonces ella acaba con su vida arrojándose por la borda y se convierte en espuma de mar. Lo prefiere a cargárselo con una daga que le dan las hermanas y así recuperar su vida de sirena. ¡¡¡Que hay que ser tonta!!! ¡¡¡Si no te van a pillar, nena!!! ¿¡¡A ver en qué mierda de submarino va a ir a policía a por ti!!? Lo de convertirse en espuma de mar imagino que sería para suavizar el tema de la proposición de asesinato y el suicido posterior (temas muuuy apropiados para niños de 5 años) Así quedaba *la mar* de poético. Se ve que «... y fue pasto de los tiburones...», ya les parecía demasiado chungo.

En mi opinión, dejar de ser sirena fue una cagaaaada ya desde el principio. ¡¡Que ella vivía bajo el mar!! ¡¡Cantando!! Que la superficie de la Tierra es una cagarruta de paloma al lado del mar. Que el fondo marino no tiene fronteras, ni pasaportes, ni *check-in*, ni colas de seguridad..., y que por grande que sea el castillo de un príncipe... es como irse de una mansión en una isla privada a un cubículo de esos en los que los japoneses hacen la siesta. Y encima con un pavo veleta que hoy te dice que te quiere y mañana está con otra... Pues mira... Pensándolo detenidamente, al final, ¡¡este es el más educativo!!

Y ya el de la Bella y la Bestia, es que ni me paro a analizarlo, pero yo ahí veo un clarísimo síndrome de Estocolmo, y no me tiréis de la lengua...

Mis queridos *padawan*, no me extiendo más, que aún me acusarán de tener mucho cuento...

Hay que leer, pero tened mucho cuidado con lo que leéis a vuestros hijos, porque os podéis ahorrar mucha pasta en psicólogos.

Dra. Ladoc

EL ENCARGADO

Querido *dario*:

Hoy me he levantado muy enfadada con Dios… o con el bosón de Higgs, no lo tengo claro. Bueno, en definitiva, con el encargado. El que ha diseñado el universo y estas movidas.

Mira, el ser humano se lo tiene muy subidito y lo cierto es que somos el chiste de la creación. Si es verdad lo que se rumorea y todo el asunto se creó en seis días, entonces… tiene explicación. Ya se sabe que las prisas y la calidad van un poco reñidas. Y digo yo, que si el que nos creó es un tipo eterno, ¡ya le vale! Porque además, si estaba solo y era su propio jefe, fecha de entrega del proyecto no tendría… ¡Jolines! (dijo *jolines* porque me estoy quitando de decir palabrotas; mi jefe me ha comprado el libro —gracias, José Miguel— y, además, ¡¡es taaaaaan poco elegante!!). Pues eso, jolines, haberse cogido un par de semanitas más para ultimar algunos detallitos que a mí me parecen fundamentales.

Os daré solo unos breves apuntes del estudio de calidad que estoy haciendo y me comprenderéis perfectamente.

Primero, nuestra manera de reproducirnos. No me quejo de la primera parte de la historia (hay cosas que podrían ser mejorables, pero no me pondré tiquismiquis, a esa parte le pongo un notable alto), me refiero al momento de llegar al mundo. ¿A quién se le ocurre la genial idea de que algo del tamaño de un melón pequeño salga por un sitio de dimensiones tan reducidas? ¿Este tipo lo hizo todo sin herramientas? ¡¡Hombre, por favor!! ¡¡Una cinta métrica por lo menos! ¿¡¡No ves que por ahí... no cabe!!? Pon una cremallera o un algo para poder salir con dignidad. Ya empezamos mal, la madre gritando y el bebé, pues claro, asustado y llorando. Menudo recibimiento para venir al mundo.

Después, el tema del mantenimiento de la temperatura corporal. ¿Habéis visto algún animal que en cuanto nazca tengan que envolverlo para que no se enfríe? Y hay algunos que nacen en sitios donde hace un frío que casi supera al de Zaragoza cuando sopla el cierzo. Los pingüinos, por ejemplo. Salen del cascarón y yo no veo a la abuela pingüino decirle a la nuera: «Ponle una rebequita al niño que hoy no vamos a subir de 43 bajo cero».

Después está el tema de la movilidad. ¡Horas! tarda un cervatillo en aprender a caminar ¡¡¡Horas!!! ¿Y el ser *supremo* de la creación? Pues ya os digo que una media de catorce meses, y nos parece un acontecimiento taaaan impresionante que la mayoría de padres lo graban en vídeo. Y lo peor no es que lo graben, es que te lo hagan ver una y otra vez, que te dan ganas ya de gritar: ¡¡Pero tú no has visto los documentales de la 2!! ¡¡A tu hijo haría meses que lo habría devorado un león!!

Bueno, no me extenderé porque no acabamos, pero no tenemos garras, no podemos volar, no conseguimos correr sin que nos alcance el gato más canijo, no vemos de lejos como las águilas ni aguantamos sin respirar bajo el agua (esto sí que me cabrea). ¿Tanto costaba ponernos unas branquias detrás de las orejas? ¡¡¡En un planeta donde el 71 % de la superficie es agua!!! Que es como si te invitaran a una mansión de narices y te dieran para dormir el cuartito de la plancha.

Y encima la mayoría de nosotros somos mazo feos, ¡¡¡¡pero la gran mayoría!!!! Charlize Theron y yo no, nos salvamos, pero claro, una golondrina no hace verano. Que a mí el físico me la sopla bastante (eso es porque también estoy tope buena, que igual de tener un *cuerpoescombro*...), pero ¡cáspita! (como veis estoy casi rehabilitada de mi problemilla con las palabras malsonantes), ¿habéis visto a algún felino poco agraciado? ¿O un koala que no te inspire ternura? En fin, tampoco quiero quejarme mucho, porque otros han salido peor parados... ¿No ponerles ni un par de patas a las pobres serpientes? ¡Eso está feo! Las serpientes están creadas sin ganas, eso ya se ve enseguida. Ahí se nota que se le acababan los materiales o andaba cansado ya, el tipo. Nooormal, también. Toda una eternidad sin currar y después seis días seguidos ahí, aleee, sin parar, pues ya se sabe.

Dicen las malas lenguas que desde ese día se cogió una baja de las largas.

Yo creo que si el encargado hubiera sido un ente femenino, las cosas serían de otra manera, y digo de otra manera por no decir mejor y que se me alboroten los *testosterónicos*.

Mirad, así, sin pensar e improvisando, yo no habría creado el sistema digestivo. ¿Las plantas no se alimentan de luz solar? ¡¡Pues nosotros iguaaaal!! A hacer todos la fotosíntesis. Y si sale nublado, pues un enchufe y a la red eléctrica, que si nosotros hemos podido inventarla, imagínate un ente superior; eso para él, ¡¡chupado!! y además gratuito... (La de crisis energéticas que estoy evitando). De paso, te ahorras cocinas y baños en las casas, el rollo de hacer la compra, la comida, fregar los platos... (la de discusiones de pareja que me cargado de un plumazo) y el problema de la gestión de residuos.

Después con el sistema de reproducción, pues yo lo habría tramitado con una empresa externa. Cada uno de los componentes pone su ingrediente y ya lo metes en el *horno de bebés* y vas viendo cómo va creciendo, como los bizcochos, y los dos pues ahí, delante del cristal con mucha ilusión. La de ecografías que también me estoy evitando. Además, cuando ya está listo, pues lo sacas y punto; sin dolor, sin lágrimas, sin lloros... Con la ventaja de que el bebé, al no tener sistema digestivo, lo pones en una terracita al sol y te evitas los pañales, los cólicos, las palmaditas para expulsar los aires y las noches en blanco porque el niño pide teta. Y todo esto sin pensar, ¿eh? ¡¡Al tuntún que se me ha ido ocurriendo!! Si es queee... ¡¡Cómo no voy a estar cabreada!! Toda una eternidad para planear la creación y al final, con las prisas, sale lo que sale.

En fin, voy a ver si me pongo a correr un rato y se me pasa el cabreo. Porque menos mal que el resto de animales de la creación no tiene tele, que estarían viéndonos competir en los Juegos Olímpicos y el descojone sería máximo.

Dra. Ladoc

ELIGIENDO LÁPIDA

Querido *dario*:

Ayer fue un día bastante duro: nos tocó a mi madre y a mí ir a elegir la lápida de mi padre. Que parece un proceso sencillo, ¿no? Yo imaginaba que era algo así como: «En esta piedra ponga su nombre y la fecha de defunción». Pues no. Hay toda una moda en lápidas. Ni para elegir mi vestido de novia tuve que pensar tanto.

El problema es que yo de lápidas sé poco o nada. Claro, a mí me da por pasear por la playa, el monte, a veces hasta por el centro comercial... No suelo pasear por los cementerios (llámame extravagante), por lo que estoy muy poco *puesta* en últimas tendencias. Así que lo que yo pensaba que serían unos diez minutos se convirtió en media mañana y aún quedaron cosas pendientes.

Nosotras llegamos y queríamos *algo sencillo*. Entonces nos llevó a elegir la piedra. Al final cogimos una en negro, después de haber elegido primero una en verde, otra en gris, una en tonos azulados... Yo, por opinar y dar delante de mi madre la impresión de que estaba muy comprometida con la elección, dije: «Esa piedra negra no me gusta, que sea como esta otra negra de aquí abajo». El señor (bastante paciente, por cierto) me comentó que era la misma, que solo les daba la luz de diferente forma. Bueno, ahí ya quedó patente mi absoluta ignorancia.

Después había que elegir una cruz para tallar en la piedra (hay distintas formas de tallarla, pero os ahorraré la *turra*). Yo pensaba que ahora venía la parte fácil, jolines ¡¡¡que una cruz son dos palos cruzados...!!! ¡Ja! Llegamos a la mesa y el que nos hiciera sentarnos, a mí ya me mosqueó un poquito. Entonces nos saca dos catálogos tipo revista Cosmopolitan, pero donde en lugar de chicas y chicos guapos solo salían cruces. Por si los dos catálogos no fueran suficientes, le dio la vuelta a la pantalla del ordenador y, además, nos iba pasando fotos por allí. Con deciros que pasé el día como cuando juegas mucho al Tetris y vas encajando edificios... Pues yo veía cruces por todas partes.

Cuando tuvimos superada la prueba de la cruz, quedaba elegir las letras: la fuente y si queríamos mayúsculas o minúsculas. Esa pantalla no la pasamos, suspendimos el nivel y vamos a recuperación para la siguiente visita. Demasiadas variables. Ahora me veo repasando con mi madre durante dos semanas todas las fuentes del Word. Pero hemos hecho un horario de estudio y si hace falta llevaré una chuleta... este nivel lo superamos en la siguiente partida sí o sí.

No quiero aburriros más, pero está también el tema de la foto (todo un mundo, porque ahora con el Photoshop pueden hacer que tu padre se parezca a Brad Pitt). Yo quería, cuando me llegara la hora, que mis cenizas se esparcieran; pero si me pueden manipular la foto y ponerme la cara de Charlize Theron, igual me lo pienso.

Después, el tema de la jardinera (otro catálogo). Ahí ya ni recuerdo lo que elegimos. Mi madre creo que me vio al borde de las lágrimas y la desesperación y señaló algo al azar. Por estas cosas las madres son lo mejor del mundo.

Cuando salí de allí envidié esos campos americanos llenos de cruces iguales y equidistantes unas de las otras. Que para encontrar a tu familiar puedes montar una yincana o un mapa del tesoro con los niños y ¡¡oye!!, ya tienes el fin de semana solucionado.

Mis estupendos *padawan*, espero no haberos dado mucho la tabarra, es lo que tienen los *darios*, nunca sabes el día que te va a tocar.

Dra. Ladoc

INVENTOS GUAPOS Y MENOS GUAPOS

Querido dario:

Hoy me he despertado pensando que hay inventos en el mundo que molan un montón, por ejemplo: las vacaciones. Al tío que inventó las vacaciones deberían darle un premio de los gordos, o dedicarle una plaza, o erigirle un monumento, o un monolito..., o *un algo*, pero *un algo* ¡¡grande!!

¡¡Qué iluminado!! Y lo que es más, ese tipo era un comercial de narices. Porque yo me imagino exponiéndole la idea a su jefe:

—¿Puedo hablar un momento con usted, jefe?

—Pase, pase, Ramiro.

—Jefe, que estaba yo pensando... que como llevo 11 meses trabajando ya en la empresa, pues se me ha ocurrido una idea bárbara que le va a encantar. ¿Qué le parece si el mes que viene no vengo a trabajar, pero me lo paga igual?

Que el jefe igual estaba distraído viendo el Madrid-Barça o el Sálvame Deluxe ¡o a saber!, pero distraído estaba, porque se la coló ese año y todos los que le siguieron.

No me negaréis que vender una idea así..., eso es tener habilidad para convencer. ¿Y el de la paga extra o los días azules? Buaaah, eso sí es tener poder de persuasión:

—Jefe, que este año, como voy a estar de vacaciones ¡¡y no se imagina lo caros que son los hoteles...!!, se me ha ocurrido otra idea...

No, en serio, a todos los Ramiros del mundo... ¡¡¡Mi total respeto y admiración!!!

Pero igual que hay invenciones guapísimas y que le molan a todo el mundo, pues hay otras que no, que parecen guais al principio, pero hacen que el mundo sea muy injusto. Una de ellas es la cirugía estética. Que parece que es algo inventado para reparar las desigualdades de haber nacido poco agraciado. Sin embargo, no es así; la gente se opera y ¡¡¡eso crea más desigualdad!!! ¿No lo pilláis? Os lo explico enseguida... Más desigualdad entre los guapos operados, y los feos y pobres del mundo...¡¡¡que no se lo pueden permitir!!! ¡¡Claaaaro!! Y es que solo tienes que pasearte un ratito por la calle para darte cuenta de que el ser humano muy muy guapo..., ¡pues no es! No es mi caso, claro, que he sido bendecida genéticamente con una belleza arrebatadora y un cuerpo escultural del que apenas me gusta presumir, pero la inmensa mayoría de las personas son estéticamente poco agraciadas.

Pues la cirugía estética, que parecía algo maravilloso para arreglar a aquellos menos afortunados, está creando desigualdad social. Seeeeh. Porque ves el antes y el después de las intervenciones de estética y te das cuenta de que no hay gente fea, lo que hay es ¡¡gente pobre!! Gente pobre que no puede permitirse las intervenciones. Antes no se operaba nadie, entonces los feos y pobres pasaban más desapercibidos, pero ahora... ¡¡ahora están vendidos!! Así que para los que no se pueden permitir el quirófano y son nulos para usar Photoshop (otro invento guapo), pues se han inventado los filtros y las redes sociales. Solo tienes que subir un par de fotos en las que no te reconocería ni tu propia familia, eso sí, diciendo: #SinFiltro, #RecienLevantada, #AlNatural, #SinMaquillaje, #YoPorLaMañana, #AntesDelCafé...Que dan ganas de poner en un comentario: #PuesYoTeHevistoEnPersonaYNoEresAsí o #EntoncesCambiaDeMarcaDeCaféQueNoTeSientaBien.

Y es que no te puedes fiar de lo que aparece en redes sociales, y ya no digo de lo que se escribe, porque si te pones a leer lo que publican... toda la gente viaja un montón, lee un montón, liga un montón, sale un montón, escribe un montón, vende un montón, se la quiere un montón y el éxito la persigue... ¡¡un montón!! Que en alguna circunstancia, leyendo algún perfil, he pensado: «A ver si le he pedido amistad a otra persona que no conozco pensando que es mi amigo/a...», ¡¡y es que te hacen dudar!! Vale, uno puede *maquillar* un poquito lo que es su vida (lo hacíamos ya con los currículos... porque ¡en España todo el mundo habla inglés nivel medio!, ¿o no?). Por lo que en redes no hay barrenderos, hay gestores de residuos. No hay gente sin estudios, hay gente que ha estudiado en la universidad de la vida. No hay gente en paro, hay gente que está buscando su verdadera vocación. No hay gente arruinada, hay personas que están liberadas del capitalismo materialista. No hay alcohólicos o *fumetas*, hay gente que busca en el trance la elevación de su espíritu...

Yo, además, os recomiendo que no solo receléis de lo escrito, sino también de las fotos o de las imágenes que se cuelgan. El otro día vi el vídeo de un amigo. Aparecía rodeado de tal nebulosa que estuve tentada a llamar a los bomberos por si se le estaba quemando la casa. Pero no, ¡¡resulta que era un filtro!! Sales sin arrugas y además rodeado de un aura de santidad, ¡un dos por uno!

Aunque si lo tuyo es tan grave que ni con el filtro tu cara tiene remedio, pues subes la foto de un o una modelo y ya está. ¿Creéis que no pasa? ¡¡Ja!! Si total, no te van a reconocer. Con no quedar con nadie en los próximos veinticinco años, arreglado. Que igual en el proceso ya tienes bastante dinero y entonces ya te puedes operar y todo solucionado.

Yo por eso prefiero no subir fotos mías, por no generar envidias. Si ya soy espectacular sin filtros... No querría ir causando síndromes de Stendhal y colapsando los servicios de urgencias. Naaaah, no sería elegante.

Además, me causa un poco de enojo que se dediquen recursos a cosas así, como los filtros, cuando hay otras cosas muchísimo más importantes y necesarias para la sociedad. Por poner unos ejemplos que se me ocurren, a bote pronto... ¿Para cuándo el brócoli con sabor a nocilla? ¡La de disgustos y discusiones que nos ahorraríamos! ¿O para cuándo unos donuts que no engorden, eh? ¿O un bikini en el que te esté bien la parte de arriba y la de abajo? Y la necesidad imperiosa de una cumbre que reúna a los fabricantes de salchichas y a los de pan para perritos y que se pongan de acuerdo ¡¡de una vez ya, por favor!! A mí, personalmente, estas cuestiones me parecen mucho más urgentes y prioritarias.

Lo que no me negaréis es que uno de los mejores inventos del mundo ha sido la escritura. Porque ¿qué habría sido de la propuesta las vacaciones y la de la paga extra de Ramiro si no se hubieran puesto por escrito...? ¡Que las palabras se las lleva el viento!

Y de lo mejorcito que nos trajo la escritura fueron los libros. Así que mis jóvenes *padawan*, aprovechad este maravilloso invento y leed un poco cada día (después lo subís a redes sociales junto con una foto #SinFiltro #TodoAlNatural mientras os coméis un buen donut de chocolate a la espera del brócoli sabor nocilla) y ya tenéis un día redondo.

Dra. Ladoc.

PROGRAMAS DE TELEVISIÓN

Querido *dario*:

Hace años que no veo la televisión. Se podría decir que soy una analfabeta televisiva. Algunos pensaréis que esto no es importante, eso es porque no os habéis pasado tres horas en la peluquería sin poder meter ni una sola palabra de canto en la conversación.

Asunto al que puede que no le deis demasiada relevancia, pero la gente que me conoce en persona sabe que yo necesito hablar una media de palabras al día ligeramente superior a la media nacional femenina y algo inferior a la de mi amiga Montse Gimeno Ros. Y si esto no es posible, corro el riesgo de que me salgan subtítulos en la frente.

Pues lo que iba diciendo, ahora hay un montón de programas de lo más peregrinos. Hay uno que trata de parejas asesinas, pero no de parejas que se matan entre ellos, noooo. Son dos personas que se conocen y matan a otra gente; y es que el amor une, pero un buen asesinato, al parecer, te hace inseparable. Lo que yo no comprendo muy bien es cómo sacas el tema a colación. Me pregunto cómo será una primera cita y como pasas del «¿Estudias o trabajas?» a «¿Tú eres más de estrangular o de arma blanca?».

Pensadlo, no es un tema fácil de abordar, y una vez sacado a colación quizá el *modus operandi* de cada uno no cuadra, es decir, a los dos les pirra cargarse a gente, pero uno es más de veneno y al otro lo que le mola es usar una recortada..., lo que viene a ser incompatibilidad asesina.

Y si vamos ya más lejos, ¿cómo será la primera discusión de este tipo de parejas? Me imagino algo como: «Tú siempre das más puñaladas y luego no me ayudas a sacar las manchas de sangre, el cuchillo siempre tengo que afilarlo yo...». Bueno, la cuestión es que ¡hay un montón de gente así!, porque da hasta para un programa de televisión.

El último día en la *pelu,* del programa del que se hablaba era otro, no recuerdo el nombre (soy horrible para títulos, nombres de personas, razas de perros...). Con deciros que vivo en el mismo edificio hace más de quince años y mis vecinos son: *el alto, la del perrito blanco, el carabuenapersona, la del hijo insoportable...,* os hacéis una idea.

Bueno, resulta que era un concurso (que por lo que pude entender que no fue mucho, para ser sincera), al que iban parejas de novios y las separaban en unas islas. Después los hacían convivir (o algo así) con otras personas que tenían que ligárselos (a los que habían separado). Se graba todo, y cuando ya se han puesto todos los cuernos, le pasan el vídeo a la pareja (que eso un poco feo sí lo vi y poco elegante). Todo esto para que esta se ponga furibunda y también decida ponerle los cuernos (si es que todavía no se los había puesto, que muchas veces eso ya había ocurrido).

Bueno, ¡¡¡un líííío!!! Y yo preguntaba: «¿Y quién gana?». Pues nadie supo decirme cuál era el objeto del concurso. Tampoco me quedó muy claro si era un concurso, porque pregunté por el premio y tampoco nadie me supo responder. Entonces les dije: «Y los/las que van a tentar a los/las tortolitos que separan, ¿qué son?, ¿prostitutos y prostitutas?». ¡¡Resulta que tampoco!!, que son gente normal. Bueno..., normal comparados con los de *parejas asesinas.*

En fin, estoy muy desfasada en materias televisivas. La próxima vez me llevo el mp4 (que me han dicho que esto está desfasado también) y me pongo a escuchar música.

No os aburro más, pasad un día guapo y si me permitís un consejito... Mis queridos *padawan*, si en una primera cita os preguntan: «¿A ti Ted Bundy qué te parece?», yo iría saliendo por piernas.

Dra. Ladoc

REGALO DE CUMPLEAÑOS

Querido *dario:*

Hoy estoy muy contenta. Ayer recibí mi primer regalo de cumpleaños (eso sí, quince días antes). Y preguntaréis ¿por qué? Pues todo tiene su lógica. Estar con alguien que domina las tecnologías te hace absolutamente... ¡¡estúpida en tecnología!!

¿Qué no tiene sentido? Pues claro que sí. Si te haces un esguince en la ciudad, pides un taxi, te lleva a urgencias y te ponen una vendita monísima o una escayola. ¿Te preocupas en ver cómo te la ponen? ¡Pues no! Como mucho esperas a estar vendadito y sacar una foto para el Instagram. Si ese mismo percance te pilla en el monte y no hay sanitarios en un radio de 300 km, ya te las apañarás para coger un par de palos, rasgar tu camiseta y hacerte un cabestrillo.

Pues yo tengo un informático a dos metros de distancia; ergo... (esta palabra merece un inciso guapo, debe ser precedida de un punto y coma, y seguida de una coma... ¿Que me desvío del tema? ¡¡Os aguantáis!!, en la publicación inicial ponía que esto era un muro dedicado a cosas de la lengua; aquí, en el libro, solo diré que es para ver si me aprendéis algo hoy, *padawan*). Pues como iba diciendo, yo convivo con un informático; ergo, si tengo un problema con la tecnología... ¡Pues eso! Ni p**a idea de hacer cabestrillos.

Como esto mi chico lo debe tener claro, ha pensado que lo mejor es darme un margen amplio para aprender a usar mi regalo. ¡Ah! ¿Que qué me ha regalado?, pues un reloj.

¡Oye! ¡No faltéis! Que os escucho desde aquí. ¡¡Que es un reloj difícil!! No es para ver la hora. Bueno, también puedes ver la hora, claro, porque es un reloj. Pero es uno de esos que usan los triatletas, (gracias, cuñado, sé que ha sido idea tuya) y que hace de todo (bueno, cocinar y limpiar la casa, no... ¡Una pena!). Y dirás «¡Qué exagerada!», pues no. Lo primero, no sé si con quince días me va a dar la vida para aprender cómo van los botones (como mi chico me quiere, sobreestima mis capacidades tecnológicas. Es lo que tiene el amor, no te deja darte cuenta de lo inútil que es tu pareja en muchos campos... eso solo lo ves cuando te separas, pero como él todavía me quiere...).

Me lo dio y justo habíamos quedado con unos amigos para cenar. Fíjate qué pequeñito es el mundo de la relojería, que uno de mis amigos tiene el modelo anterior... ¡¡Me dio la cena!! 😫😫 Ya odio mi regalo de cumpleaños. Ahora resulta que me voy a tener que apuntar a hacer un máster y un par de doctorados para aprender cómo va, me han jo**do lo que me queda de vacaciones. Resulta que el reloj se puede poner hasta en contacto con tu coche, como en la serie de *El coche fantástico*, pero aquí el listo es el reloj, no el coche. Aunque el coche, si entiende cómo funciona el dichoso reloj, un poco listo sí que es.

En fin, estoy contenta, porque he conseguido que al menos dé la hora. Eso sí, para eso, me ha hecho un interrogatorio exhaustivo (hasta la edad, peso y altura me ha pedido), que igual, según esos parámetros, la hora es diferente y por eso el tiempo es relativo. Bueno, no me meto en jardines de los que no sabré salir.

Esta mañana el reloj me ha dicho que he dormido fatal. ¡¡Menos mal que me lo ha dicho!! Si no, voy todo el día feliz y pensando que he dormido bien. 😶😶

Bueno, mis jóvenes *padawan*, os tengo que dejar porque me toca hora de estudio y después tutoría para aprender cómo ver mis registros de pulsioximetría.

Al menos quedaos con lo de *ergo*, que es una palabreja que mola, aunque mi regalo mola mucho más.

Dra. Ladoc

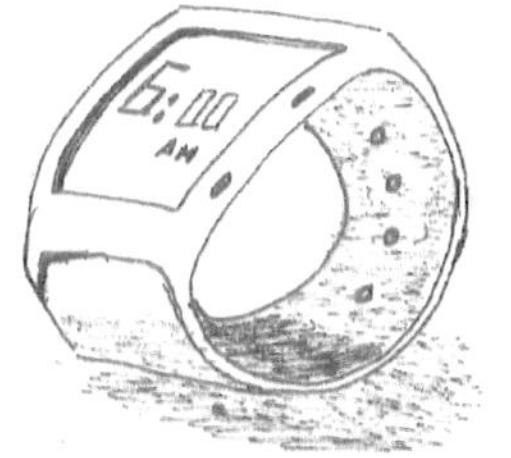

CALISTENIA

Querido *dario*:

Hoy, tras la carrerita diaria, mi amiga Montse y yo hemos ido a hacer nuestras acostumbradas tablas de ejercicios en el paseo marítimo. Le damos fuerte, sobre todo a los diecisiete músculos de la lengua (sí, sí, diecisiete hay, creedme que tengo yo algún estudio de anatomía humana).

Por lo general solo nos interrumpe algún perrito. Tengo un imán para los perros, me ven y absolutamente todos vienen a saludarme. He de confesar que me encantan los perros, pero tenía que elegir entre marido y perro... Y lo cierto es que me sale más a cuenta el marido, aunque solo sea para bajar la basura cada noche.

Hoy ha sido diferente. Ya de lejos he visto a un joven (a mi edad ya considero jóvenes a aquellos que tienen menos de 40 años) que ha hecho contacto visual. Lo primero que he pensado, «Ya estamos, alguien que conozco y no tengo ni idea de quién es». Y estaba preparando alguna frase tipo, «¿Qué tal te va?, ¿la familia bien...?», cuando el chico, que llevaba una botella de Coca-Cola de dos litros casi vacía en una mano, y en la otra llevaba un pitillo, ha llegado a mi altura, se ha detenido y me ha preguntado: «¿Sabes dónde están las barras de calistenia?».

¡Eso sí que no me lo esperaba! Menos mal que soy de reaccionar rápido y de que hace algo menos de un mes alguien me explicó qué era eso de la calistenia. Se trata de un deporte en el que se usa el propio peso para fortalecer las cadenas musculares. O sea, es un deporte en el que cuanto más gordo estás, más entrenas... (o eso entendí yo).

Es que ahora hay deportes muy raros. Cuando yo era pequeña, estaban los normales, los que decías «Yo practico tenis» y todo el mundo te entendía, o «Yo voy a ballet», y lo más exótico era el aerobic.

Ahora te apuntas al gimnasio y tienes que hacer un máster para comprender los deportes que se dan. Que cuando has acabado de leer el folleto con las posibilidades que ofertan y lo que es cada una, ya se te ha acabado la suscripción y tienes que volver a pagar matrícula. Me diréis que soy una exagerada, ¿verdad? Que os digo que no, que les encanta ponerles nombres raros a las cosas: pilates, zumba, *body balance, body combat, krav maga, bodypump*, cxworx, TRX, GAP... Que hasta a las cosas normales, como es hacer bicicleta estática, ¡¡¡le han puesto otro nombre!!!: ahora se llama *spinning*.

Os aseguro que es más fácil aprobar el temario de microbiología en medicina que llegar a aprenderse la lista de actividades del gimnasio.

Bueno, la cuestión es que no tenía ni idea de dónde narices estaban las barras de calistenia y así se lo he dicho: «Vaya, pues no, no tengo ni idea». Una peeeena, porque para un deporte que sí me sabía, resulta que me preguntan lo que no me había estudiado, una raaaabia, ¡*xe*! Entonces el chico se ha quedado mirándome un momento y ha respondido «Pues voy a seguir buscándolas». Y yo en respuesta le he dicho «Vale, me parece bien». Porque aunque me daban ganas de decir, «Pregúntame otra cosa, pregúntame otra cosa, vaaaa, que ese deporte lo llevo preparado», pues no procedía, no me parecía elegante. Así que el joven se ha ido dando caladas a su pitillo y yo he seguido haciendo sentadillas, que seguro que ahora tienen un nombre muchísimo más glamuroso y anglosajón.

Montse, en ese momento, me ha mirado y me ha dicho que lo que intentaba el chico era ligar, que mucha calistenia con ron y Coca-Cola en una mano y un cigarrillo en la otra no iba a hacer. Mis jóvenes *padawan*, la verdad es que si eso es así, también necesito hacer un máster para pillar las formas de ligar en estos tiempos. De todas maneras, tampoco lo necesito, porque si me quedo sin pareja lo que voy a hacer, sin lugar a dudas, será comprarme un perro.

Dra. Ladoc

LOS DOS NEURÓLOGOS

Querido *dario*:

Ayer pasé un buen día con un par de amigos de la facultad. Ambos neurólogos en la actualidad. Hacía más de quince años que no los veía y no mentiré, ¡¡parecían quince años mayores de lo que yo los recordaba!! y así se lo expresé. Ellos a mí me mintieron y me dijeron que estaba igual o incluso mejor. Será por lo de que *la arruga es bella*. En su favor diré que ambos conservan todo su pelo y sus dientes (oye, que no todo el mundo puede alardear de estas cosas cuando tiene medio siglo de edad).

En fin, casi había olvidado lo que es estar con colegas de la profesión. Los chistes no son lo mismo, uno no puede burlarse igual de las series americanas de médicos con tus colegas que con gente profana... Bueno, sí puedes, pero te miran raro, en plan: «¿Cómo te atreves a poner en duda la sabiduría infinita del Dr. Shepherd?». «¡Sabrás tú más que el Dr. House!».

Pues os diré que eso que veis en las series: abrir en canal a alguien en un ascensor para hacerle un masaje cardíaco con las manos; coser una ceja y acto seguido recomponer un hemisferio cerebral que ha sufrido un balazo; pelearse porque todos quieren el caso difícil y que menos probabilidades tiene de sobrevivir; el folleteo en todos los cuartuchos de la limpieza; ir al hospital aunque no te han llamado porque oyes en la radio que ha habido un accidente en un autobús... Todo eso, en los hospitales españoles, no pasa.

Bueno, lo del folleteo igual sí (eso pasa en los hospitales y en cualquier empresa que se precie), pero lo demás, NO. En España nadie se pelea por un paciente, bueno, sí se pelean, pero para sacárselo de encima. Yo creo que allí van a comisión, porque si no, no se entiende.

En fin, pero aunque ser médico es duro, tiene su parte guapa... «EL PODER». Sí, sí, con mayúsculas. Por eso un psicópata no puede (o al menos no debería) ser médico. Os pondré un ejemplo: un médico tiene el poder de poner a alguien con el culo en pompa (y cuando digo a alguien, podría ser un magistrado del Tribunal Supremo) y meterle por allí un tubo con cámara y grabar a su antojo sin necesidad de pedir una orden judicial y sin tener que dar demasiadas explicaciones. Si eso no es tener poder...

Por eso no podemos ser psicópatas, un gran poder conlleva una gran responsabilidad. Y aunque te caiga fatal un paciente (esto pasa, se habla poco de ello, pero pasa), pues a pesar de la inquina que le tengas, está feo que le digas que tiene cáncer y que se va a morir en tres meses, aunque solo sea para que duerma mal un par de días. También sería de mal gusto y muuuuy poco elegante recetarle laxantes en lugar de un medicamento contra el mareo, solo porque se va de crucero y tú estás allí, fastidiada, trabajando. O decirle que le pica porque tiene una ETS y que no puede mantener relaciones sexuales en una larga temporadita.

Tenemos poder para hacer daño (mucho) y no ser demandados por ello (me río yo del 007 ese). Podemos hacer que cualquiera se desnude con solo pedirlo (e incluso tocarlo y que al final te dé las gracias). O simplemente ordenar que hagan cosas ridículas; mis amigos neurólogos lo hacen cada día... La exploración neurológica es de las cosas que más risa da, pero lo malo es que no puedes reírte. Dani y Javier se pasan el día diciendo:

—Haga palmitas, hinche los carrillos, saque la lengua y muévala en todas direcciones; cierre los ojos, extienda el brazo y tóquese la nariz...

Y todos, absolutamente todos, lo hacen sin rechistar. A mí a veces me han entrado ganas de decir: «¡Sórbase fuerte los mocos!» (para los profanos, esto no es parte de la exploración neurológica), pero si os lo pidiera, estoy segura de que lo haríais sin poner ninguna pega.

Bueno, la noche acabó con un par de neurólogos de más de metro ochenta con intoxicación alcohólica y una médica de familia abstemia y canija acompañándolos a su hotel. Pero esa es otra historia que merece ser contada en otra ocasión.

Mis queridos *padawan*, si vais al médico decid siempre la verdad (ya es bastante difícil diagnosticar sin que te mientan) y si os mandan hacer palmitas... ¡a obedecer!

No os olvidéis llevaros un buen libro, ya se sabe que en las series americanas te atienden incluso antes de que entres a la sala de urgencias, pero estamos en España y te va a tocar esperar... ¿y qué mejor que esperar leyendo?

Dra. Ladoc

MAQUILLAJE PARA VULVAS

Querido *dario*:

Estoy muy preocupada porque el mundo se va a la mierda. Sí, sí, a la mierda. El otro día leí una noticia: resulta que una compañía danesa ha lanzado al mercado una línea de *maquillaje para la vulva*. Sí, sí, sí, que no es coña. The perfect V, se llama. En el kit completo encuentras hidratante, exfoliante, iluminador y *serum*. Que uno piensa, eso en España, puede pasar, porque aquí las drogas han hecho mucho daño. ¡Pero en el país de Hamlet! ¡No fastidies!

¿Y cómo nace la idea de sacar un maquillaje para vulvas? ¿Os imagináis? Yo creo que esas ideas siempre surgen en un bar:

—Klaus, ¿te imaginas la cara de la junta si el viernes les presentamos un proyecto de maquillaje para vulvas?

—¡No hay cojones, Ulrik!

—¿Qué no? ¡Sujétame el cubata!

Que yo hasta ahí, pues incluso lo veo posible. Pero ¿qué narices beben los de la junta antes de entrar a una reunión para aprobar el proyecto de Ulrik? ¡¡¡Porque yo quiero esa máquina de café para mi empresa!!!

Pero yo, ahora, ya no lo veo una idea tan descabellada. Con todo el lío este de la COVID-19 y las mascarillas, pues una ya no se maquilla como antes. Así que cambias el labial... pues por el *otro labial*. Aunque a mí me surgen un montón de dudas, porque la logística que conlleva esto...

A ver, primero, ¿cómo te maquillas una vulva? Porque tutoriales en Youtube yo no he encontrado; que no es que yo tuviera mucho interés, que yo solo lo miraba para una amiga. Después está el tema de la dificultad que conlleva, porque la zona, para maquillarla, de fácil acceso no es. Si eres contorsionista, entonces la cosa ya es más sencilla, pero no todas tienen esa flexibilidad. Yo sí, ¿eh?, pero... ¡por favor!, ¡que los hospitales de Dinamarca ya han dado la alerta de un aumento preocupante de hernias discales! Y de esto se habla poco.

Por lo que creo que la solución pasa por tener tu estilista personal. O quedarte de becaria en un circo. O... comprarte un periscopio, que al final, ¡pues te sale más barato!

Un problema: los retoques. Porque una va a la discoteca, se mete en el baño y se empolva la nariz. ¿Cuánto puede tardar una en hacer esto? Bueno, el tiempo es variable, pero el intervalo puede estar entre unos segundos y un par de... horas, a lo sumo. Pero cómo te retocas *el asunto* después de hacer pipí. Porque me pregunto... ¿Tienen una línea *waterproof*? Igual te sale más a cuenta aprender a sondarte. No sé, son preguntas que me surgen.

Otro punto que a mí personalmente me preocupa mucho es el impacto que tendrá esto en las relaciones sexuales. Porque Ulrik, esto va a afectar en gran medida, sí, sí, sí, y este hombre no lo ha pensado detenidamente... Una no se gasta cerca de 200 € en los productos de la línea; otro tanto en un estilista (lo del periscopio, es que todavía no lo veo); las clases de sondajes de urgencia, modulo principiantes (por el tema de los retoques); para que después venga un tío a practicarte un *cunnilingus*, ¡¡y no lo haga bien!! (Los de la ESO que busquen lo de *cunnilingus* en el diccionario, que no vamos a dároslo todo hecho). Porque de normal, que no te lo hagan bien fastidia, pero cuando te has gastado medio sueldo... Además, ¿cómo se hará una cobra con los labios de...? Lo dejamos, que me desvío del tema.

Después está la cuestión de que no te valoren el esfuerzo, ya me imagino las conversaciones...

—¡Paco, he cambiado la sombra *melocotón sugerente* por la de *tentación de cereza* y ni lo has notado, ¡ya no me quieres!

¡Que esto pasa! ¡Y unos dramas...!

Y por último el tema del estilista. Porque ahora con los estilistas que te cortan el pelo, no hay peligro, en estos sitios se pierde más aceite que si se te rompen los manguitos del coche. Pero en el tema estilista de la vulva, pues ahí ya no lo veo yo tan claro, porque el roce hace el cariño. Y me diréis, pero los ginecólogos que navegan en aguas más... profundas... Aaaah, ¡¡pero no es lo mismo!!, porque el ginecólogo no te dice:

—Mira este ovario, qué luminosidad, cómo realza los folículos, estos óvulos le dan profundidad al aspecto de tu vagina.

¡NO!, el ginecólogo es siempre un señor amargado, que solo te habla de quistes, de pólipos, de que tu reserva ovárica ya no es tan buena y de que se te está pasando el arroz para tener hijos; y eso, pues no enamora precisamente. Así que, querido Ulrik, estás poniendo la fidelidad de muchas mujeres en la cuerda floja y eso..., eso caerá sobre tu conciencia.

Lo que nunca trae problemas es enamorarse de un buen libro. Leed, mis queridos *padawan*, que con lo que vale un iluminador de vulva tenéis para tres libros ¡¡al menos!!

Dra. Ladoc

CAÍDAS

Querido *dario*:

Está comprobado científicamente que el deporte es sano, que quien lo practica vive más y con una mejor calidad de vida.

Yo, en estos últimos tiempos, no lo tengo tan claro. Que sea sano sí, pero en mi caso no sé si viviré más, y desde luego mi calidad de vida no ha visto ninguna mejora. Me voy a explicar; en el aterrizaje de un salto por el monte, hace un tiempo, pisé una piedra suelta, y sufrí una fractura de peroné (que con lo que dolió debería convalidar para tres años más de vida, como mínimo).

Por culpa de la fractura, la *culoinquieto* (una servidora), se aburría mucho y decidió escribir una novela para niños mayores. Ahora tengo un pasillo lleno de cajas con copias de la novela (que no veo en qué narices mejora mi calidad de vida tropezarme con ellas cada mañana cuando me levanto) y menos dinero en el banco (puesto que es autopublicada).

Lo que os iba contando, mi deporte es *salir a correr*, (que no es lo mismo que el *running*, es diferente, pero eso necesita un *dario* aparte para explicarlo). Pues salir a correr no es lo más divertido del mundo, pero para algunos como yo que no hemos sido bendecidos con el don de la coordinación... Después de un año de aeróbic la profe me devolvió el dinero llorando y yo le dije: «No eres tú, soy yo...», que es una frase comodín de las pelis americanas y cuando la dices quedas como Dios. Pues para los que, como yo, la mayor coordinación que tienen es acertar a llevarse la cuchara a la boca sin mancharse... mucho, está *salir a correr*. Mi problema es que en los últimos meses he besado más el suelo que el papa cuando va de *tour* con Ryanair. Que yo creo que lo besa porque con esta compañía nunca sabes muy bien en qué condiciones vas a aterrizar.

De mis últimas caídas, las más memorables son: ser atropellada por una bicicleta, que una anciana con un perro te ponga la zancadilla con esas correas extensibles y la de esta semana fue tropezarse con una baldosa levantada cuando estás ya casi llegando a casa. Yo creo que si sigo corriendo, voy a ser la más sana del cementerio, porque en una de estas, me mato y les fastidio la estadística a todos.

Como voy siempre con heridas varias, algún vecino debe haber advertido a la policía y mi chico ha tenido que ir a declarar varias veces al cuartelillo... Que noooo, que no me pega. Yo, temiendo que le pongan una orden de alejamiento a mis zapatillas, pues miento y digo lo que se suele decir: «Me he caído por las escaleras» o «Es solo un accidente doméstico».

El deporte (al menos a mí) me sirve para que me echen menos años. No por estar más buena, que también podría ser en el caso de otras deportistas, pero en el mío es por ser bajita e ir con las rodillas con raspones; unos siete u ocho años suelen echarme. ¡Superad eso, jóvenes *padawan*!

¿Sabéis qué cosa no te causa lesiones jamás? ¡Eso es! ¡La lectura! No dejéis nunca de leer.

Dra. Ladoc

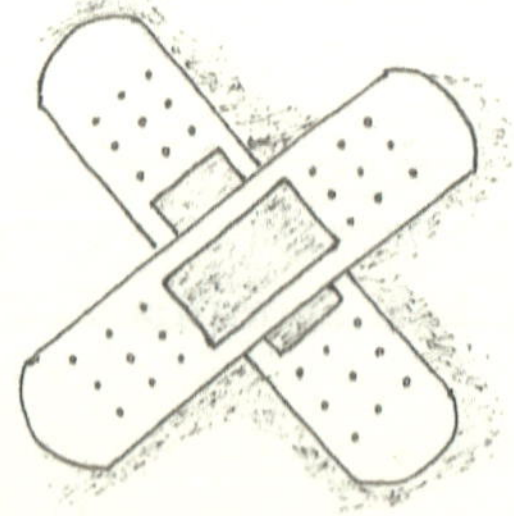

ENVOLVIENDO PAQUETES

Querido *dario*:

Hace un par de días, tras un *chorreo* (no digo que no fuera bien merecido) de mi amiga y gran diseñadora gráfica, maquetadora, informática y chica para todo, Mari Luz Montes, que me regañó porque no promociono mi novela (vaaaaale, soy una comercial horrible, no vendería ni refrescos en el desierto); decidí que iba a intentarlo (que «La Lilu», cuando se pone seria, acojon... digoooo... tiene un graaaan poder de convicción).

Así que escribí una publicación y, como sois todos todos todos un amor (los que me han comprado el libro un poquitito más), pero en general un amor, empezasteis a pedirme libros, a darme vuestros datos y a decirme para quién queríais la dedicatoria. ¡¡¡Pero todos a la vez!!! Un poquito de por favor, que la novela lleva más de un año a la venta y en media hora os entraron las prisas a todos.

Yo, que a pesar de no ser madre he heredado el talento de escribir tan lento como ellas en el móvil, pues me vi un poco desbordada. Que digo yo que el Sr. Zuckerberg podría poner en Messenger algo así como lo que hay en Mercadona cuando vas a la pescadería, un numerito o algo, o un aviso de *línea ocupada, inténtelo en unos minutos*. Yo ahí lo dejo y si quiere que recoja el guante.

Bueno, a lo que iba, que vender libros da un subidón enorme. Pensar que alguien va ¡¡a pagar!! por lo que has escrito e igual hasta llega a leérselo y todo (esto último ya sería total, MIS *PADAWAN*). Bueno, pues después del subidón (que me desvío del tema), viene el asunto de la logística. Tienes que pasarte por el chino de la esquina para comprar papel de burbujas, y lo que es peor, hacerle entender al buen hombre lo que estás buscando. El diálogo fue así, más o menos:

—¿Tienes papel de burbujas?

—No aquí refrescos.

Tengo que decir que los chinos, en cuestión de hipérbaton, dejan a Yoda en pañales.

—No, no. No quiero un refresco, es un papel para envolver.

—Papel regalo pasillo derecha, después derecha.

—No, no quiero papel de regalo. —Mirada de sospecha del tipo (que eso, siendo oriental es difícil de detectar, pero yo soy muuuuy intuitiva)—. Lo que quiero es un papel para que no se estropeen las cosas, tengo unos libros para enviar...

—¿Funda libro?

—No, no. Papel para envolver, pero de plástico, con bolitas de aire.

Que síííí, me diréis que para ser escritora me explico como el culo, pero yo empezaba a desesperarme porque ya eran dos sujetos los que me miraban con suspicacia (¡y no es porque tengan los ojos rasgados, que eso se nota, jolines!). Además, soy de las que cuando las para la Guardia Civil para un test de alcoholemia, y solo ha bebido dos colas zero, se pone ya nerviosísima.

De repente, uno de los chinos abrió mucho los ojos, o hizo lo que pudo el pobre hombre, y le dijo al otro:

—Síí, papel burbuja.

(Bueno, sonó más a papel *bulbuja*).

Y el otro también abrió los ojos como platos, pero de los de taza de café, no quiero que me tachéis de exagerada, y respondió:

—Ah, sí, sí. Papel *bulbuja*. Pasillo izquierda, después izquierda.

¿Pero, que narices? Ahora la que miraba con ojos de sospecha era yo, pero como los tengo muy redondos, pues no se dieron cuenta. ¡¡Si yo había entrado pidiendo eso mismo!! De verdad. Eso fue lo que entré pidiendo. Os lo prometo.

En fin, que me dirigí al pasillo izquierda, después izquierda y no vais a creer lo que os voy a contar. Había una mujer, también asiática, medio escondida en uno de los pasillos laterales y... ¡¡comenzó a seguirme!! ¿Os lo podéis creer? Pues os lo juro. Me seguía de lejos..., pero no muy lejos, porque la tienda era grande, pero no como para dejar una distancia de seguridad de dos manzanas y que yo no lo advirtiera. Yo hice como que no me daba cuenta, porque eso es lo que yo he visto en todas las pelis de espías: uno sabe que lo siguen, se hace el despistado y en el primer portal abierto entra y da esquinazo al perseguidor. Pero claro, allí estaba más difícil.

Total, que empecé a ponerme nerviosa, igual que con lo de la Guardia Civil y lo de la alcoholemia. Por lo que la muchacha empezó a vigilarme con más ahínco, con ojos de sospecha (y ya vale, que eso se nota aunque sean de China). Así que yo, angustiada, no encontraba el papel burbuja y aún parecía más sospechosa. Ya me imaginaba que la mujer me llevaba a la trastienda para revisarme el bolso y entonces me di cuenta de que no llevaba bolso, por lo tanto, no llevaba cartera. Me toqué la cara... ufff, la mascarilla no la había olvidado...

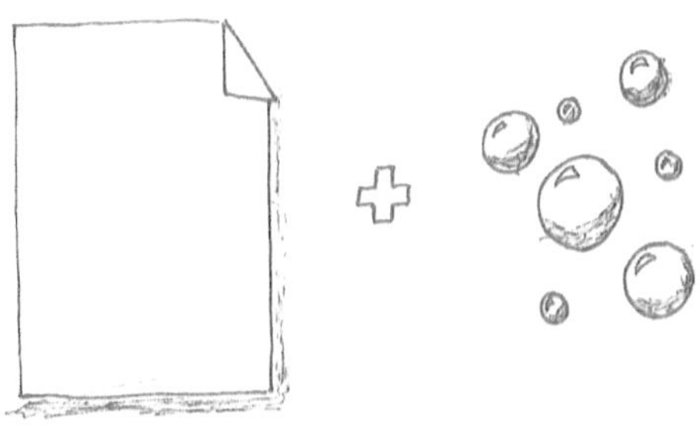

Resumiendo, me fui sin comprar el papel burbuja... Eso sí, salí de la tienda escoltada por mi perseguidora que, al llegar a la puerta, me sonrió y me dijo: «*Glacias*».

Mis estimados *padawan*, quizá en otra ocasión os cuente la segunda parte de mis desventuras con el tema *envoltorio y dedicatorias*. Por el momento, no os canso con más desvaríos. No olvidéis leer un poco cada día.

Dra. Ladoc

SUELO PÉLVICO

Querido *dario*:

La otra noche, mis *brujis* del aquelarre (que nadie se asuste que solo tenemos buenos deseos para todos), me prepararon una fiestecita porque ya he pasado al nivel cinco (y no me hagáis rimas fáciles, que os conozco). Es decir, que soy toda una señora de cincuenta años. Aunque yo con doce años, ¡¡ya era toda una señora también!! La elegancia, el glamur y la clase ya se me notaban en el parvulario. No es por presumir, pero nadie lucía como yo la bata del colegio. ¿Qué le vamos a hacer? Y con esto no quiero que me malinterpretéis y penséis que soy una esnob o una clasista. La vulgaridad y el mal gusto no dependen del dinero ni de la posición social. Se puede ser un sintecho y al mismo tiempo todo un señor. Un apunte: la forma *sintecho*, escrita en una sola palabra, es preferible a la opción *sin techo*, en dos palabras y sin resalte tipográfico, esto es para poner algo de interés, ya sabéis.

Pues eso, a esta señora, a la que su reloj inteligente le echa piropos tales como «Tu edad según tu forma física es de veintiuno»; el otro día Facebook le sugirió, en un anuncio, un aparatejo, exactamente el del dibujito. Y claro, al verlo, me dije... «Noooormal, si es que estoy hecha una chavala». Porque pensé lo que todos habéis pensado por primera vez al ver el dibujito (no mintáis, que sí, que pensasteis lo mismo que yo). En fin, después, cuando ya me dediqué a leer la letra pequeña (cosa que todavía puedo hacer sin usar gafas... ¡¡Que sí, que estoy hecha una jovencita!!, preguntadle a mi reloj si no me creéis, jolines). Lo que iba diciendo, que al leer con mayor atención el texto del anuncio, vi que no era *exactamente* lo que yo (y todos vosotros, seeeeeh, no me engañáis) pensábamos que era.

A ver..., la zona a la que iba dirigido el producto, ¡¡la acerté!! No así la utilidad o propósito del mismo. Y mi alegría y buen rollito inicial se esfumaron para dejar paso a un: «¡¡¡No me lo puedo creer!!! Pero ¿de qué vas, Mark Zuckerberg?». Si lo llego a tener de amigo, lo bloqueo. Sí, sí, lo bloqueo y sin avisar. Pues ¿no me sugiere un anuncio de un artilugio para ejercitar mi suelo pélvico y así evitar... ¡¡¡las pérdidas de orina!!!!? ¿De qué me va? ¡¡¡Pérdidas de orina!!! Con todo lo que nos espían y no vio mi publicación sobre mi forma física y lo de los veintiún años, venga hoooombre.

Y chicas, todo esto es para minarnos la moral. Porque a ellos no les llegan este tipo de anuncios, noooo. A ellos les llegan anuncios de jovencitas rusas que se ofrecen para practicar idiomas, en concreto francés y griego, que digo yo... siendo rusas... ¿no sería mejor que...? Bueno, que me desvío. Pues eso, que a ellos anuncios de idiomas y a nosotras de TENA lady, ¡¡no fastidies!!

Pues ni caso, yo ya los he denunciado por publicidad engañosa y le he dado orden a los encargados del Facebook de que me oculten anuncios similares porque pueden herir mi sensibilidad y porque carecen de toda elegancia.

Os dejo por esta noche (a no ser que estéis leyendo esto por la mañana😵‍💫😵‍💫), mis *padawan*, que tengo una cita con mi reloj. De momento, el que más cosas bonitas me dice cada día.

Y lo de siempre, no dejéis de leer un poquito cada día.

Dra. Ladoc

SAN MIGUEL

Querido *dario*:

Hoy es san Miguel (felicidades a todos los afortunados). No es que yo sea muy religiosa, pero mi cuñado se llama así y en el grupo familiar mi suegra lo ha felicitado. La buena mujer es a los santos lo que el Facebook a los cumpleaños. Que tú ni te acordabas de qué día era hoy, y mucho menos del cumpleaños de tu amigo, pero te salta la alarma en Facebook y quedas como una señora.

Así que en el almuerzo con mis habituales Carol y Vicky, nos hemos puesto a hablar del susodicho. Para los profanos en la materia de asuntos celestiales os informo de que además de santo era arcángel, que es como un ángel que ha prosperado en el escalafón empíreo.

Me he informado y el prefijo «arc-» (derivado del griego) significa: «que gobierna, que dirige, que comanda, que lidera», este apunte es para que me aprendáis algo interesante y que no todo sean tonterías.

Entonces me ha venido a la cabeza que había alguna historia curiosa con san Miguel, una pluma y el monasterio de Llíria. Resulta que así como hay hombres que pierden el pelo y se van quedando calvos, al arcángel se le iban cayendo plumas, o igual es que era la época de muda (que yo de esas cosas no entiendo mucho, como no tengo mascotas en casa...) Pues una de esas plumas se venera como reliquia en el mencionado monasterio. Ahí lo dejo...

Hoy, os voy a ilustrar con otras reliquias, como poco, curiosas. Porque aquí mismo, en Valencia, se conserva el santo grial, (que había otro en León, pero el papa Francisco ha dicho que no, que el de verdad es el de Valencia... ¡Chupaos esa leoneses!). Seeeeh, que Indiana Jones las pasó canutas para encontrarlo y ¡¡resulta que estaba aquí!! y en perfecto estado. Y yo digo, ¡¡antes sí hacían las cosas bien!!, no como ahora, que se te rompen las copas de vino con solo brindar, porque más de dos mil años han pasado y el cáliz está como nuevo.

Tampoco quiero barrer siempre para casa, que hay más por esos mundos del Señor. Confesaré que alguna me hace pensar un poco, porque a lo largo de la historia se han llegado a venerar hasta catorce prepucios de Jesucristo, ¡a la vez! (en distintos lugares, ¡pero a la vez!). Que vale que era el hijo de Dios y todo eso, pero vamos, darle tamaño número de penes a alguien que no iba a hacer uso de ellos... me parece un poco excesivo, no sé a vosotros.

Reliquias hay para todos los gustos, como dientes de santa Apolonia, ¡que hay más de quinientos rulando por el mundo! Yo me imagino la boca de esta mujer y me río en la cara del Spielberg y su película «Tiburón». Que cuentan las malas lenguas que murió arruinada la pobre, no debía ganar para dentistas.

Asimismo, se conservan los dos penes de san Bartolomé, uno en Augsburgo y otro en Tréveris (Alemania). Otro enchufado.

Un bote, en alguna parte, conserva los cuernos de Moisés, ¡que ya les vale!, eso no me parece nada elegante. Porque digo yo, igual Moisés no tenía un pene a la altura de los de san Bartolomé (que igual por eso su mujer...), pero podrían haber elegido otra parte del cuerpo, una muela (aunque no fuera la del juicio) y no venir a nombrar la soga en casa del ahorcado.

Pero sin duda alguna, mis reliquias favoritas son dos:

— Un suspiro de san José que dicen que quedó atrapado en una botella (el suspiro, no san José, claro). Entonces un ángel, el escolta sería (el pobre hombre no era VIP, como Jesucristo y su madre, solo le tocó un ángel… No daba entonces el presupuesto en denarios para arcángeles para todos). Lo que decía, que el ángel la depositó en la iglesia de Blois, en Francia. Que sería ángel, pero este no perdía plumas, que de Galilea a Francia hay un buen cacho.

— La otra es un estornudo del Espíritu Santo, que también queda guardado en una botella.

Hablando de todo, me fascina el Espíritu Santo, que dices, si es espíritu… ¿Cómo estornuda? ¿Por dónde? Y lo que es más chungo… ¿Por qué? ¿Estaba con la alergia? Y ¿cómo le pones las vacunas a un espíritu? No sé, son preguntas que me hago.

Bueno, pues si queréis verlo (el estornudo, no al espíritu), tendréis que viajar hasta el Vaticano.

Estas dos últimas reliquias yo las veo un poco como la escultura invisible e inmaterial del Salvatore Garau, porque hay que hacer un gran salto de fe (y ser un poquito idiota también, para pagar 15000 euros por algo que no existe, todo hay que decirlo). Que uno ve una muela y dice, ¡¡por aquí pasó santa Apolonia!! Pero la botella… ¿Estará todavía ahí el suspiro? Porque yo creo que el envasado al vacío en esa época aún no se había inventado.

Bueno, mis *padawan*, gracias por aguantar mis desvaríos; si llegaste hasta el final, tienes un punto extra para el examen fin de curso. Recordad: no dejéis de leer.

Dra. Ladoc

TRABAJOS QUE MOLAN

Querido *dario*:

Me he dado cuenta de que equivoqué mi profesión (la de escritora no, aunque esa es aún peor, porque de momento me cuesta dinero). Me refiero a la práctica de la medicina. Ahora todos pensaréis: «¡Qué dice! ¡Si mola un montón!».

Eso es porque os basáis en series como la de «House». El Dr. House es ese médico que cada sanitario lleva dentro, pero que no deja salir a la superficie (en mi caso porque soy peso pluma y no quiero que nadie me parta la cara, ya lo hago yo solita cuando salgo a correr y me caigo).

Pero el trabajo de médico es, en ocasiones, un pelín repulsivo. House no suele arrugar la nariz cuando ve un sarpullido en un sudoroso y hediondo pie adolescente, cuyas uñas serían la envidia de cualquier águila real. Porque todo en la serie es de mentira (siento fastidiaros la ilusión, y ya puestos... Los Reyes Magos son los padres).

Yo me veo rodeada de muestras de orina, tengo que drenar abscesos, asomarme a ver gargantas purulentas en bocas que no han sido presentadas oficialmente a ningún cepillo de dientes en años, tratar brotes de sarna (y no, la sarna no está erradicada, eso es la viruela), soportar púberes lloriqueos por dramas como, «¡Me ha salido un grano y el viernes tiene que estar curado porque voy a ver a mi novia!», etc.

En fin, de vez en cuando salvas una vida, pero quién te dice que la vida que salvas no es la de un capullo que estaría mejor muerto. ¡¡No lo puedes saber!! Y ale, ahí nos tienes salvando vidas sin criterio alguno. Que igual estás evitando la muerte del futuro inventor de la bomba de *megaposineutrinos* y lo que estás realmente haciendo es abocar a la humanidad a un futuro posapocalíptico, (síííí, va sin *t*, el prefijo *pos-* es el recomendable, a no ser que la palabra a la que precede comience por *s*, en cuyo caso usaremos el prefijo *post-* como en *postsurrealismo*. Esto es para que aprendáis algo útil y no solo leáis mis chorradas y penséis que habéis tirado el dinero comprando el libro).

Lo que quiero decir es que no me voy a hacer rica practicando esta profesión (y es un asco, porque tienes que leer y aprenderte un montón de palabrejas durante un montón de años, hacer un examen para ser residente en un hospital y trabajar un porrón de horas por un sueldo miserable).

Y aquí es donde quería yo llegar a parar (ha costado un poco, lo siento, pero el título con la palabra *desvaríos* debería haberos dado una ligera idea de lo que ibais a encontraros), he descubierto que hay gente que se lo ha montado muchísimo mejor, porque he visto profesiones o negocios por ahí que son ¡¡la leche!!, y cuando digo la leche me refiero a profesiones donde se trabaja poco y la remuneración no es nada desdeñable. Os voy a poner unos ejemplos:

Catador de golosinas, en mi opinión el oficio más maravilloso del mundo (la gente que me conoce sabe por qué). No puedo imaginar nada mejor (y existe, ¡eh!). De hecho, aunque no cobrara demasiado en este curro, no me importaría. Pero si a alguien no le gusta el dulce o es diabético, tengo otro que también mola bastante, *calentador humano de camas,* que consiste en acostarte en una cama y cuando ya la has calentado, pues te vas y se acuesta el cliente. Una mujer rusa se está haciendo de oro, cobra 79 dólares por noche. A mí llámame rara, pero yo soy de las que en el metro no se sienta en un sitio que ha quedado libre hasta que el calor humano se ha desprendido del asiento. Imagínate si tengo que acostarme en una cama donde se ha acostado otra persona antes, ¡¡¡a calentarla!!! 😖 😖 En eso yo no gastaría mucho dinero, pero si soy yo la que se mete primero...

En fin... Hay otro tipo que se ha hecho de oro vendiendo aire en envases de medio litro, pero es aire puro ¡¡no vayáis a pensar...!!, y de distintas regiones de Reino Unido (así tienes que comprar varios para tener la colección completa). El sujeto compra unos frascos en el chino de su barrio, se va a la costa de Cornualles (o a las montañas que tengan por allí), abre los frascos, los cierra y después los envía por el módico precio de 80 libras (más de 90 euros al cambio). Y no es ninguna estafa, porque él vende aire y ¡¡eso es lo que recibes!! Los gastos de envío ya no sé si los paga *el imbécil* o el tipo que lo vende.

Después de hacer un recorrido por otros trabajos molones como son: *probador de lunas de miel* (sin tener que casarte), *probador de camas de lujo*, *probador de toboganes acuáticos*... Tenemos en el top de todos ellos a los tipos del mundo del arte.

Porque ahora el arte puede ser cualquier cosa, como pintar un cuadro con tus heces (que para eso, casi prefiero el pie sudoroso adolescente). Os informo de que hay, en el MoMA de Nueva York, ¡¡lienzos en blanco!! Y no me refiero a pintados en blanco, ¡no! El *pavo* (el artista... que ya hay que tener arte para vender un cuadro así, eso no se lo discuto) compró el lienzo y ¿¡yo qué sé!?, le daría pereza ir a por pintura blanca a la tienda y al final lo dejó así, total ya era blanco, ¿no? ¡Con un par! Sin embargo, el que es (sin ningún asomo de duda) mi héroe y modelo a seguir es el escultor Salvatore Garau, que ha conseguido vender una estatua inmaterial e invisible. Este ni se molestó en ir al chino o al parque de la esquina a por una piedra. La mejor inversión de la historia: 15000 euros... por NADA, y encima exigiendo al comprador una estancia de ciertas dimensiones para colocar la obra, ¡¡tócate las castañas!! Lo cierto es que te tiene que sobrar el dinero para pujar por algo así, además de ser un poquito lerdo (y lo digo sin intención de ofender a los lerdos).

Yo estoy a ver si me apunto a la rueda de esta moda y fundo una *aseguradora de obras inmateriales e invisibles*. Y si las roban, pues una empresa de *detectives recuperadores de obras inmateriales e invisibles*. Que si dicen que lo que hemos recuperado no es auténtico, pues monto otra empresa de *autentificación de obras inmateriales e invisibles*. Bueno, acepto inversiones, socios y *partenaires*.

Padawan, ¡¡lo que os propongo es el futuro!! Eso sí, leed un poco cada día, que queda feo y muy poco elegante cobrar 15000 euros y que la factura tenga faltas de ortografía.

Dra. Ladoc

RUNNERS VS. CORREDORES

Querido *dario*:

Hoy ha vuelto alguien a decirme «... como tú eres runner...».
Ya no sé cómo explicároslo, que noooo. Que yo corro. Todos los
días, sí. ¡¡¡Pero no soy runner!!! No cumplo las características. Simplemente soy una corredora y además forzosa. Me encantaría que se
me diera bien cualquier otro deporte. ¿Por qué? Pues porque si sois
medio normales, no me negaréis que correr sin que nadie te per-
siga, sin estar perdiendo el autobús o únicamente para llegar con
el carro (antes que otro cliente) a la caja del Mercadona es la cosa
más aburrida del mundo. Bueno, la segunda cosa más aburrida; sin
duda, ver el Tour de Francia es aún más soporífero. Antes, de joven,
yo creía que ver el fútbol era lo más tedioso, el *top* de lo cargante,
porque hay partidos en los que no se mete ni un gol ni nada. Pero
nooooo, el ciclismo gana por muchos enteros. Ver un montón de
ciclistas, todos juntos, ¡¡¡aleee!!!, a mogollón, ¡todo el rato!, pero no
un rato rato, nooo un rato largo laaaargo, de los que si te duermes
la siesta, al despertar ya te encuentras con la tía que viene del futuro
para recomendarte una lejía. Que yo lo pienso y ¡¡¡habrá cosa más
antigua que la lejía!!! ¿No se ha inventado nada mejor en el futuro?
Que igual la chica querría contarnos otra cosa y no la dejan por lo

del efecto mariposa o por si nos destripa el final de alguna serie y los jefes la han dejado venir con la condición de que solo hable de la lejía. Que no todo es siempre lo que parece. Igual está la pobre mujer mordiéndose la lengua, pero claro, no quiere perder el curro y ale, a contar la chorrada de la lejía...

—¿Y no puedo contar...?

—¡Shh! ¡Nada! ¡Solo lo de la lejía!

—Pero si lo de...

—¡¡Que no!! Lo de la lejía y punto.

—Jolííín. Pues vaya. Pues la peluca blanca me la pongo, sí o sí.

Que yo cuando pienso en eso del efecto mariposa, lo de que su aleteo en Brasil pueda producir un tornado en Texas, pues yo siempre me imagino una mariposa tamaño Godzilla. No puedo evitarlo, mi mente funciona así. Una mariposa gigante y un sonido como: flap, flap, flap. Y todos los edificios volándose. Y si os hablo de mis sueños (no de mis aspiraciones en la vida, de los sueños cuando duermes) ibais a flipar. Que de haberme tenido Freud de paciente, una de dos: lo acaban internando en su propio psiquiátrico o su libro *La interpretación de los sueños* ahora tendría más volúmenes que la *Enciclopedia Espasa-Calpe*.

Venga, que me desvío del tema. El ciclismo, un rollo. Todo el rato viendo en la pantalla un mogollón de tipos, todos juntitos, que oye ¡que corra el aire! Normal que se lesionen cuando se cae uno, van más pegados que el chino de la esquina cuando entras a su tienda. Total para que al final llegue uno primero. Que digo yo que con ver los últimos treinta segundos, te ahorras todo el tostón. ¡¡¡Y si fuera un solo día!!!, pero noooo, encima son un porrón de jornadas seguidas. Mira si será aburrido que la gente que lo ve se tiene que justificar diciendo... Pero salen unos paisajes preciosos. ¡¡¡Claaaaro!!! El propósito del Tour es precisamente ese, que disfrutes con los paisajes. Pues a mí los paisajes me gustan más sin bicis (raruna que soy).

Bueno, que me hacéis perder el hilo, la cuestión es que un runner nuuuuunca te dirá que correr es aburrido. Correr es el eje sobre el que gira su propio universo personal y al que quiere atraerte y ligarte. Es como una secta, siempre al acecho de adeptos. ¿Nunca habéis ido de cena con un runner? ¿No? ¡¡¡Pues no vayáis!!! Os la van a amargar. No paran de contar hidratos, después pasan a qué geles son mejores. Que yo digo, (por dar conversación, y ser educada y elegante): «¡¡El que huele a fresas de The body shop!!», pero noooo, que son geles de azúcar, cafeína y más porquerías porque así bajas dos segundos los minutos/km y, en lugar de tardar una hora, acabas el entrenamiento treinta y ocho segundos antes. Y digo yo, que si tenían tanta prisa para acabar el entrenamiento, pues haber salido más temprano ¿¡no!? Si estás con un runner y habías pensado tomarte un postre (la comida principal del día), te lo va a *amuñar*, (esto significa *fastidiar* es que ahora estoy viendo la serie *El pueblo* y esta palabra da mogollón de risa y la de *enfolliscar*, también, que no es lo que estáis pensando, que significa *estar enfadado*). Pues sí, porque empieza con lo de las grasas saturadas, sigue con que si con cada kilo que engordas son *nosecuantos* segundos más por kilómetro que tardas y acaba con que si los azúcares refinados son tan adictivos como la cocaína... que ya no sabes si estás en una clase de bioquímica, de física o si esnifarte el *coulant* de chocolate. ¡De verdad! ¡Qué pereza de gente!

Otra cosa que a mí no me hace una *runner* es la distancia que corren. No sé cómo explicarlo, puede que un *runner* y yo corramos cada semana una maratón, pero ellos son más de pagar al contado y yo de hacerlo a plazos. Vamos que ellos lo hacen todo el mismo día y yo me lo voy repartiendo a lo largo de la semana y aun así, buah, a mí los seis kilómetros del día se me hacen eternos.

Además, un *runner* sale con un equipamiento estudiadísimo y siempre con algo fosforito, el fosforito se estudia ya en primero de *runner*. Después las zapatillas, que si para pisada neutra, pronadora o supinadora. Que siempre te dicen, «¿Te han hecho un estudio de la pisada? Es que es muy importante» ¡Venga ya, hombre! Futuros *runners*, os voy a ahorrar pasta con esto del estudio de la pisada.

Si desgastas el talón de los zapatos por fuera eres supinador; si por dentro, pronador; si por el centro entonces eres neutro (¡¡de nada!!). Después, que si corres por asfalto, pista, haces *trails*... Que si las camisetas con tecnología Neoteric o Iso-chill. Calcetines antiampollas y con distinto formato para cada pie. Que yo me los compro todos iguales (por el tema de los divorcios y separaciones de los calcetines en la lavadora) y así puedo volver a emparejarlos, como en un *CalceTínder*, pero mira si serán hijos del mal que siempre me desaparecen los del pie derecho... ¡Yo, así, no puedo!

Pues eso, que para equiparte de *runner* adecuadamente puedes pasarte tardes enteras en las tiendas respondiendo cuestionarios al dependiente. Ahora ya te explicas por qué quieren ahorrar tantos segundos después. ¡¡Es que se les va la vida!!

Lo que también me diferencia de los *runners* es la manera de correr. Ellos corren como si flotaran, como si la gravedad de la Tierra a ellos les afectara menos que a los demás mortales. Y suelen quedar para ir en manada. Félix Rodríguez de la Fuente les habría dedicado un especial Navidad, como mínimo. ¡¡Además, van hablando entre ellos mientras corren!! ¡¡Los hijos de la reconcha!! ¡¡Y no se ahogan!! Yo corro sola, antes del amanecer, en una pista de atletismo y necesito ponerme cascos, porque si escucho cómo respiro, me dan ganas de hacerme la RCP a mí misma, inyectarme adrenalina intracardiaca o directamente llamar a 112.

Por último, si analizamos lo que viene siendo la zancada también, existen ciertas peculiaridades que marcan la diferencia entre *runners* y una corredora como yo. Ellos están más en un estilo entre gacela de la sabana y guepardo africano; sin embargo, mi estilo está más entre el de Phoebe, la de la serie Friends, y Forrest Gump (pero cuando este llevaba aún los hierros en las piernas).

Así que por respeto, nunca jamás volváis a decirme que yo soy *runner* (por respeto a los *runners*, claro). Un poquito de rigor deportivo, por favor.

Además, todo ese tiempo que yo me ahorro adquiriendo la equipación adecuada, haciendo estudios de pisadas o comprando calculadoras para sumar calorías, lo invierto en la lectura, que es una actividad que resulta mucho más placentera.

Leed mucho, mis *padawan*, y por favor, no os compréis ropa de color fosforito. Sed elegantes y que el lado *runnoscuro* no os tiente.

Dra Ladoc.

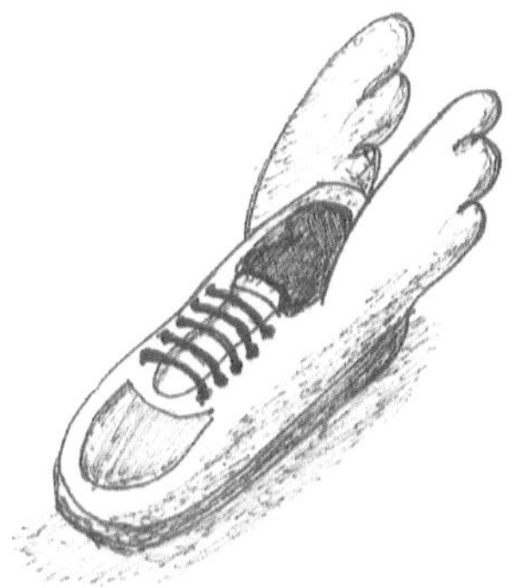

SATISFYER Y ORGIS DE MAYORES

Querido *dario*:

Hoy quiero contaros que las cosas no me pueden ir mejor, que soy muy feliz y que vuelvo a reír a carcajadas.

¿Cómo no iba a serlo? Tengo unos niveles de salud que rozan la indecencia, dinero para aburrir y mi chico es tan fiera (☺☺) que hoy me crucé con mi Satisfyer, al salir del ascensor, con las maletas hechas. Me ha dicho: «Nuestra relación ha llegado al final, no soy yo, eres tú»; claro, yo le he respondido que lo había dicho al revés, que se dice «No eres tú, soy yo». Entonces se ha puesto a vibrar muy ofendido (el mío también vibra, porque es el de última generación), ha dado un portazo y se ha ido. Qué carácter, ¡xe!

Pero ya volverá, porque se ha dejado el cargador...

Mi felicidad es tan absoluta que incluso a los nuevos vecinos del apartamento de la playa, unos argentinos que hablan tan alto que parece que los tienes dentro del salón (con deciros que a veces les he puesto cubierto en la mesa a la hora de la cena), ya ni los torturaría antes de matarlos. Estoy superzen.

Antes tenía unos que eran de Europa del Este. El acento no molaba tanto (gritones eran igual ¡eh!, que después la fama se la llevan los españoles y ¡mira!) y uno de ellos roncaba nivel hormigonera industrial. Pero cuando hablaban, al no entender ni una palabra, te distraías menos. Ahora, me descubro preguntándole a mi chico:

—¿Entendiste lo que dijo el papá?

El otro día me respondió:

—Mina, cariño, concéntrate, yo así no puedo. ¿No será que ya no te gusto? ¿O que echas de menos a tu Satisfyer?

Y yo (hay que poner acento argentino para leer lo siguiente):

—No seás boluuuudo, chiiiiico. Vos sabés que os aaaaamo... ¡Shhh, callaaaate!... ¡La reconcha de la lora, ya no escuché lo que le respondió la mamá!

Tranquilos, mi vida sexual no hace aguas, que yo hablando con acento argentino pongo muchísimo. Para ser honestos yo pongo muchísimo y punto, eso es así, yo querría ser más modesta, pero qué le voy a hacer ¡lo que es, es! No voy a empezar a mentiros ahora por hacerme la humilde. Eso sí, he de reconocer que mi vida sexual, aunque envidiable, no está a la altura de la de los ancianos belgas...

No sé si habéis leído la noticia de una orgía de más de doscientas personas mayores de sesenta y cinco años, en Bélgica, que acabó con siete fallecidos (la causa: cinco sufrieron ataques cardíacos y otros dos, edemas pulmonares). Como dijo el amigo que me pasó la noticia, eso es morir dándolo todo.

Sí, sí. Habéis leído bien, más de doscientas personas. Eso es tener poder de convocatoria. Que aquí en España yo tengo un amigo que lleva más de veinte años queriendo hacer un trío y aún no ha conseguido ni pareja. Que ya la última vez que lo vi me dijo que igual tenía que bajar expectativas y que si le contestaba alguien, pues ya empezaban ellos dos y ya verían si se les unía alguien más tarde. ¡Que también son ganas lo del trío! A algunos no les basta hacer el ridículo con una mujer, quieren hacerlo con dos. Yo le he pasado la noticia de los belgas, que aunque él no sabe hablar francés no creo que en estos eventos se vaya precisamente a dar conversación.

Llamadme tradicional, pero yo soy más de *tête à tête* Para los de la ESO: no os emocionéis que no es ninguna posturita rara. Además, acabar en un hospital con una crisis cardíaca, a mi parecer, corta un poco el rollo.

Queridos *padawan,* hay una moraleja en todo esto. Yo todavía no sé cuál es, pero convencidísima de que la hay. Eso sí, si vais a mantener relaciones sexuales, siempre con protección y si os apuntáis a una orgía, realizaos al menos una prueba de esfuerzo antes.

Por cierto, mi Satisfyer no ha regresado, sospecho que se le acabó la batería.

Dra Ladoc.

KARMA

Querido *dario*:

El otro día descubrí que lo del karma no funciona como se supone que debe hacerlo. Es como el engaño de Santa Klaus con los niños: un chantaje para que se porten bien y no den la lata (al menos en fechas próximas a la Navidad). Pues el karma es la versión para adultos, pero sin que nadie después te haga ningún regalito.

Te venden que, si eres empático, si te portas bien, si ayudas, eso te repercutirá positivamente en tu vida actual o en la próxima. Patrañas y *magufadas*, os lo aseguro.

Os pondré un ejemplo. El otro día salí de casa para ir a ver a mi hermana, entré en el metro y vi a una chica de Europa del Este intentando dominar a dos niños pequeñísimos (no sé si ahora los niños son más pequeños o es que les enseñan a caminar antes, pero eran diminutos). La muchacha, además, llevaba unas seis bolsas de la compra y un carrito de bebé con más bolsas de la compra dentro (que para lo pequeños que eran los niños, pensé: «¡¡Estos deben comer como pirañas!!»). Pues intentaba, sin éxito, bajar por las escaleras del metro porque el ascensor estaba estropeado (mal karma para la chica, ¿no?). Así que me decidí a *hacer el bien* y ayudarla a bajar el carrito con todas las bolsas de la compra.

Casi muero. No he visto escaleras más largas en mi vida. Yo creo que iban añadiendo escalones a medida que bajábamos. Estuve a puntito de claudicar y pensé que si me reencarnaba en cucaracha, tampoco era tan horrible, ¿no? Pero resistí y lo logramos.

Gracias a *hacer el bien*, yo perdí mi metro; llegué a acariciarlo, pero se alejó como un amante ingrato y desagradecido (esto lo he puesto así porque queda muy poético y una es escritora y tal... Lo que realmente pensé no era muy elegante. No, nada elegante, y ya sabéis que a mí la elegancia me pierde). Total, yo había *hecho el bien* y a cambio tenía que esperar quince minutos (sí, quince, que esto es *Españistán*, qué le vamos a hacer) a que llegara el siguiente metro que me llevaría a casa de mi hermana. ¿Qué mierda de karma era eso? ¿Dónde estaba mi premio? ¿No me merecía haber entrado en el último momento, tropezando, y que un apuesto galán de casi dos metros y abdominales imposibles me cogiera antes de caer al suelo...? Bueno, sigo, que me estoy desviando.

Os informo de que iba a su casa porque tenía que firmar (¡de nuevo!) unos papeles de la testamentaría. La semana anterior, los habíamos firmado en la hoja que no correspondía (¿mal karma...?). Pues cuando me senté en el vagón me di cuenta de que... ¡¡¡no llevaba los papeles!!!

Salí justo a tiempo del vagón, antes de que arrancara el metro y pensé... «Pues igual ha sido buen karma, porque si no hubiera ayudado a la chica de los mininiños-piraña, quizá habría cogido el otro metro y ahora estaría aún más lejos de mi casa». Pero después me dije: «Pues ya podría el karma haberme recordado, ¡antes de pagar el billete, lo de los papeles!». Que vale, que igual el karma no cuenta con que soy idiota y olvido el único propósito de la visita a casa de mi hermana.

Bueno, no era el único, el otro es que siempre tiene gominolas o dulces y nos ponemos hasta arriba de azúcar. Pero sigo creyendo que es una milonga, porque si creemos en el karma, corremos el peligro de pensar que todo lo malo que nos pasa es merecido.

Imaginad, mis *padawan*, a un tipo que se le quema la casa y pierde todo lo que había ahorrado durante toda su vida... ¿El karma? ¡Pero si es un buen tipo!, ayuda a sus vecinos, paga sus impuestos, se ha vacunado contra la COVID-19, recoge la caca de su perro... Naaaaah, seguro que en otra vida era un esclavista, o un simpatizante nazi, o igual era una serpiente (y estas es que lo tienen muy jodido para *hacer el bien*: sin manos ni piernas..., ya me dirás cómo te las arreglas para ayudar al prójimo). Eres en otra vida una serpiente y sabes que en la próxima ¡vas a palmar! O un mosquito... Si eres un mosquito, no puedes hacer el bien a no ser que te declares en huelga de hambre, pero los mosquitos no tienen cerebro para tanto... De ahí viene lo de tener *cerebro de mosquito*, y claro, si no tienes la capacidad de pensar, pues ahí que vas, picando a todo el mundo y siendo un asesino en masa (que no exagero, que si buscáis en Google os saldrá que los mosquitos son los animales que más muertes causan en el mundo). *Hacer el bien* es incompatible con la palabra *mosquito*. Porque yo he visto gente que coge una arañita con cuidado y la saca al jardín sin hacerle daño y ¡¡¿sabes qué dicen?!!, pues que ¡se come los mosquitos! Ni los animalistas se preocupan de los mosquitos. De las abejas sí, porque estas también pican, pero en venganza, les robamos la miel. Así que si eres un mosquito lo tienes bastante crudo también en la próxima reencarnación.

Después ves a Amancio Ortega, viviendo a todo trapo y amasando dinero como el que amasa pan... Piensas: «¿Qué sería este hombre en otra vida?». Como mínimo un San Bernardo que rescatan a la gente en la nieve, o un delfín, que estos no sé si hacen el bien, pero les gustan a todos. Si no te gustan los delfines, ten cuidado, porque tu próxima vida puede convertirse en un infierno.

Yo sigo pensando que eso del karma es todo una invención, pero seguiré haciendo el bien, porque habrá que compensar en esta vida lo que no va a poder ser compensado en otra.

Mis *padawan*, pasad del karma, pero seguid siendo buena gente. Y no os sintáis mal por matar un mosquito, igual lo habéis

hecho antes de que pique a alguien y le estáis salvando de una reencarnación miserable.

Dra. Ladoc

REDES SOCIALES

Querido *dario*:

Hoy venía yo reflexionando sobre las redes sociales. Porque, seamos sinceros, si estás en Facebook y además estás leyendo esto..., (esta frase tenía más sentido cuando publiqué este *dario* en esta red social) joven, lo que se dice joven, pues ya no eres.

Que sí, que sí... Que los nuevos cuarenta son los antiguos treinta o los actuales cincuenta, los antiguos cuarenta... Quítate las décadas que tú quieras, pero estás hecho un carroza. Y eres tan carroza que hasta la palabra sale ya en el DRAE con esa acepción. Si fueras joven, no dirías *carroza*, dirías *boomer* y no habrías parado a leer ni dos renglones de la publicación, estarías dando y contando *likes* en Instagram.

Ya sé qué me vas a decir que también tienes Instagram. Ya, ya, pero ¿cuántas publicaciones subes al día? Aaaaah, que solo tienes quince publicaciones. ¡¡¡Ja!!! Esas son las que un adolescente sube mientras espera en la cola del McDonalds.

Que nooo, que ya no eres joven y también se nota en la forma de hablar. Los jóvenes ahora tienen jerga para publicar casi un diccionario.

Ahora los jóvenes *no pasan de ti en tu cara*, te hacen un *next* o un *nextazo*. Y si eres un buen tipo, que sabes escuchar, pero *no te comes un colín* entonces ya no eres un *pagafantas*, sino un *apañao*.

Si además no te has estrenado y no te has besado con nadie, entonces eres un *boquerón*, pero si por el contrario vas repartiendo amor y besas con lengua, entonces pasas a ser un *tiburón*.

Que alguien con menos de veinte años te llama *crack*, ¡¡no te emociones!!, no es que seas bueno de verdad en lo tuyo, esto ha pasado a ser un término irónico, sinónimo de *matado, pringado, motivado* y *parguela*.

Ahora las cosas ya no *molan mazo* sino que *cunden poga* o *cunden poga poga* (si es que te gusta algo a rabiar). Pero si algo te da vergüenza ajena, entonces *sientes cringe*.

Que *te has pillado* por alguien, pues ese pasa a ser tu *crush*. Y si ese *crush* te hace un *nextazo* o le envías un mensaje por WhatsApp y *te deja en visto* pues ya no es un *capullo*, es un *mierder* o un *rata*. Aquí tengo que reconocer que la palabra *mierder* me encanta, mucho, muchísimo, o sea *cunde poga poga*.

En fin, que todo es diferente, pero al mismo tiempo es igual. Y las relaciones de nuestros chicos... Pues ahora están en *relaciones líquidas, relaciones abiertas* y triunfa el *poliamor*.

Me da un poco de risa cuando ponen en sus estados, *situación sentimental: es complicado*... ¿En serio? Tienes trece años y ya es complicado... ¡¡guau!! Porque cuando yo lo veo en Facebook lo sé traducir: eres un cuarentón (cinco años arriba o cinco años abajo), seguramente el nombre de tu perfil no es el tuyo, tienes mujer e hijo/a, pero vas a decir que estás separado (aunque es *complicado*) y así puedes *pillar cacho* con alguna incauta. Que a mí tampoco me parece tan complicado, ¿no? Lo que pasa que el Facebook no te deja dar tanta explicación.

Pero cuando un chaval que solo se ha afeitado dos veces lo pone..., ahí ya me pierdo. ¿Dónde está la complicación? Igual es que eres un *boquerón*, y te da *malro*, es decir, *mal rollo* para nosotros (los *boomers*) reconocerlo. O te pasas *sieteveinticuatro* (todo el rato) jugando a videojuegos y no quieres pasar por *un parguelas* (un pringado, vamos).

Bueno, a estas alturas del día, mis *padawan*, yo ya estoy *mórtimer* (hecha polvo), por lo que me despido de vosotros mis seguidores *tochos*, *tochetos* o *chetos* (es decir, guais a escala superlativa, grandiosos, lo más).

Buenas noches y acordaos de leer un poco cada día.

Dra. Ladoc

BAÑOS DE SOL ANALES

Querido *dario*:

Hoy más que nunca, estoy convencida de que merecemos extinguirnos. Y además, la fiebre que tengo en este momento hace que tenga una claridad meridiana de en qué orden debería suceder esto. Los primeros, todos los *instagramers, influencers, magufos* y *terraplanistas* varios. A continuación, todos aquellos que siguen usando la homeopatía después de haber sido informados de en qué consiste y sigan defendiéndola con un «lo que pasa es que estás vendida a los laboratorios farmacéuticos». Claaaro, porque el laboratorio Boiron (principal productor de productos homeopáticos) está rozando la calificación de ONG y apenas gana dinero vendiendo agua con azúcar a 2000 € el kilo. Y en el *top three*, Gwyneth Paltrow, con las velas con olor a su vagina y sus recomendaciones de hacer baños de la misma con vapor.

A ver, vamos a aclararnos. Hemos pasado del blanqueamiento anal a seguir al *influencer* de moda que dice que los baños de sol a través del ano dan una energía *que no se pué aguantá*. Que, llamadme malpensada, pero creo que es el mismo sujeto el que promociona ambas corrientes. Tú blanqueas, después tomas el sol, se te pone morenito el ojete y otra vez al blanqueamiento... ¡¡¡Negocio redondo!!! Y, además, te echas unas risas viendo a la gente con el culo en pompa.

Sospecho que lo mismo ocurre con los que realizan baños vaginales de vapor, les ponen la almeja a las mujeres como los labios de Carmen de Mairena después de ser picados por una avispa, y entonces les venden el set de maquillaje para vulvas. ¡¡¡Otro negocio redondo!!!

¡Ojo!, que *rarunos* ha habido siempre, no sé si tantos como ahora, eso sí. Pero iluminados de la vida y gente con ideas de lo más peregrinas..., de esos está la historia llena. Lo que es increíble es que en lugar de echarse unas risas en el bar del pueblo cuando estos tiparracos sueltan sus profundas reflexiones, haya miles de personas que digan: «¡¡Cómo he podido yo vivir sin una vela con olor a la vagina de Gwyneth Paltrow!! ¡¡Qué he hecho con mi vida hasta el momento!! ¡¡Qué vergüenza tomar baños de sol por el ano, sin haberlo blanqueado antes!!». Que estáis para daros una guantada, pero con la mano bien abierta.

Proyectad esta situación en vuestras mentes: hay vida inteligente en el espacio exterior y lo primero que ven al llegar a la Tierra es a media docena de individuos mostrándoles el ano. Y encima, igual ya no está ni blanqueado ni nada. ¿Qué imagen queremos dar?

La extinción como especie inteligente ya llegó. Compramos medio litro de aire puro por el módico precio de 100 € el bote. Esculturas inmateriales e invisibles por la friolera de 15000 €, colgamos lienzos en blanco en el MoMA de Nueva York, contratamos los servicios de un tipo para calentarnos la cama... Y no, no es lo que estáis pensando. Simplemente, se acuesta él primero hasta que está calentita, entonces se va y entras tú. Sospecho que el control del consumo de drogas en este país se ha relajado mucho. Eso o hemos llegado a un nivel de endogamia que afecta de forma muy preocupante a nuestro raciocinio.

Yo, que soy una mente despierta, veo un nicho de mercado que no está todavía explotado, y si esto de los baños de sol anales prospera, estoy pensando en sacar una línea de protección solar anal. Lo digo por si hay inversores entre mis lectores. Estoy abierta a sugerencias y proposiciones.

Lo cierto es que para todos estos despropósitos solo veo una solución: leed, mis jóvenes *padawan*, pero nada que haya sido escrito por Gwyneth.

Dra. Ladoc

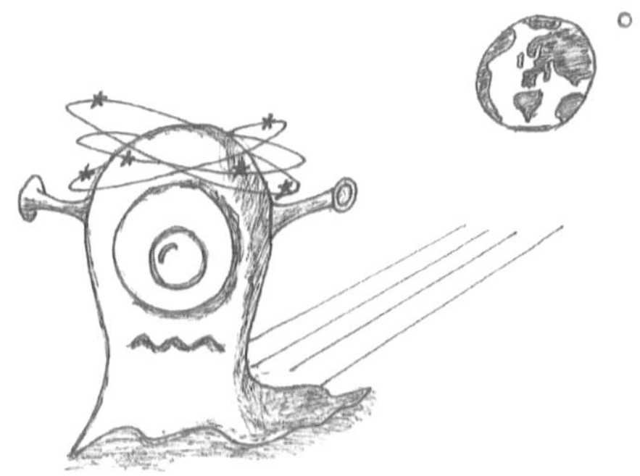

LAS DESGRACIAS

Querido *dario*:

Los lunes son duros, es oír *lunes* y te da como una corriente de irritación, de desapacibilidad que te hace pensar «¿Estaré enferma?». Y por lo general no, es solo que es lunes. Pero hoy, además, estaba enferma, que eso es como un lunes al cuadrado. En las reglas del universo debería estar prohibido que las enfermedades te atacaran en lunes (a no ser que hayas sido mosquito en una vida anterior y estés saldando deudas con el karma).

Pues ha sonado el despertador mientras soñaba algo entre absurdo y acerbo (en el diccionario hay un montón de palabras entre estas dos, pero no me refería a esto). Los incisos son siempre porque no sé si hay gente de la ESO leyendo, imagino que no porque son demasiado jóvenes para andar por estos parajes (pensad que parte de este *dario* ya se publicó en Facebook, de ahí lo de parajes) y, para qué nos vamos a engañar, estamos hablando de ¡¡leer!! ¿Y yo qué hago?: publicar un libro para gente de este rango de edad... Muy bien, Mina, muy bien (esto tenéis que leerlo poniendo los ojos en blanco y aplaudiendo). Al parecer no soy muy buena haciendo estudios de mercado, ¿qué se le va a hacer?

Bueno, lo que os decía, estaba soñando algo extraño y fastidioso, y sonó el despertador. Y hablando de soñar (jooo, estoy abriendo tantos hilos que no voy a poder retomar el tema principal... ¡¡pues os aguantáis!! que hoy no tengo el chichi para farolillos, el horno para bollos o los chacras alineados). Retomando... Soñar es un asco, porque si lo haces con algo feo te quedas con mal sabor de boca y recuerdas lo jorobado que lo has pasado (pongo *jorobado* porque ya sabéis que yo soy muy elegante y poner *jodido*, pues no es lo que se espera de mí); por otra parte, si sueñas algo bonito, al despertar, te das cuenta de que todo era mentira y tu vida sigue siendo un asquito. Es lo contrario a la *win-win situation*, debería existir una *loss-loss situation*, alguien debería inventarla y como ejemplo poner: los sueños.

Ahora sí retomo el tema: lunes, seis de la mañana, toses, frío, LUUUUNES (que ya sé que lo he dicho, pero es que duele mucho, merece ser repetido). Voy a la galería a dar el gas para el termo y a abrir la ventana para que no se apague por acumulación de dióxido de carbono (o lo que sea, el químico-matemático era mi padre y ya no está para preguntarle ☹). Vuelvo al baño, me quito la ropa (lo hago siempre antes de ducharme, y vosotros ¡también!, así que nada de connotaciones sexuales, por favor, que no tengo los chacras para bollos, el chichi alineado o el horno para farolillos). Pues el agua caliente no llega. Me envuelvo en una toalla y, como había sospechado, no había dado el gas, sino que había apagado el termo... Lo de la ventana sí lo había hecho bien, así que frío... ¡sí he pasado!, y me parece recordar que ya os había mencionado que era LUNES.

Hoy quería llegar a las siete y media al trabajo, un poco antes para adelantar burocracia médica (no entraré en detalles por no aburriros aún más de lo que ya estáis). He salido a las siete en punto de mi casa, pues el trayecto, que suele durar entre veinticinco y treinta minutos, hoy ha durado una hora y doce minutos. Llego tan cabreada al trabajo que me olvido de cliquear la entrada en el cacharro de la huella dactilar (lo he hecho más tarde). Enciendo el ordenador, me conecto al servidor del hospital y aquello no es que vaya a pedales, es que no va. Bueno, voy a llamar a mi caballero de armadura reluciente, el informático que sieeeeempre me lo soluciona todo (el único que lo hace, para ser más exacta): Álvaro.

Álvaro y yo tenemos una amistad telefónica de unos veinte años de duración, la nuestra es ya una relación más que estable y jamás nos hemos visto en persona. Eso sí, en cualquier rueda de reconocimiento sabría quién es aunque solo pronunciara un monosílabo ¡¡y con los ojos vendados!! Aunque esta frase aquí, ahora que lo medito, no tiene mucho sentido, sería mejor poner ¡¡y con tapones para los oídos!!

Pues Álvaro no estaba, se había pedido la jornada libre (estaba siendo un día estupendo y solo eran las ocho y media de la mañana).

Os ahorraré una mañana de consultas. Lo más divertido, la de un paciente adolescente que estaba preocupado porque cada sábado tiene poluciones nocturnas (que también es tener sincronía), así que hoy he recetado a alguien que se haga más pajas (¡¡mooola ser médica!!). Lo más aburrido, los cuarenta y cinco minutos que me ha tenido al teléfono la madre de otra paciente poniéndome verde a un compañero de profesión (ni fuerzas tenía ya para discutirle, he aguantado estoicamente hasta que le he dicho que me requerían en otra parte).

Al salir del trabajo, tenía que hacerle un favor a una persona y llevarle unas cosas a un sitio (¿a que sueno misteriosa?, parezco una agente de inteligencia). Sin embargo, no me he sentido muy inteligente. Valencia está toda en obras, les ha dado por levantar todas las calles a la vez. El navegador recalculaba rutas y a final he acabado atrapada en un bucle infinito y siempre aparecía en la misma plaza. Ya con lágrimas en los ojos, he llamado a la persona en cuestión que ha venido en mi rescate y he podido hacer la entrega (no eran drogas, ¿eh?).

Alerta a mi marido: ¡sáltate el siguiente párrafo, cariño!

Más tarde tenía una cita en un hotel con una chica guapísima y poetisa (kit completo) 😊😊. Pero su mami se ha puesto malita y ha tenido que acompañarla al hospital (nada grave al final) y mi cita se ha pospuesto al lunes que viene, en el mismo hotel. Igual, con suerte, el sábado tengo una polución nocturna, o no, ¡ya me he liado!

Llego a casa, me pongo cómoda y pienso: «Voy a tomar un té». No me preguntéis qué ha pasado, pero la Nespresso me guarda rencor por algo o he sido mosquito en otra vida anterior, ¡seguro! Os diré que ha escupido té y restos de café por toda la cocina (cocina que os diré que es como un quirófano, no por lo de limpia, sino por lo de blanca). Otros treinta minutos limpiando.

Así que para mañana voy a disfrutar de la suerte acumulada de hoy y la de mañana, como los gigas que no usas un mes en el teléfono, así que me espera un día maravilloso.

Si esta vez habéis llegado hasta aquí, una de dos: o soy una escritora que mantiene el interés o simplemente estáis más aburridos de lo que queréis reconocer. Espero que sea la primera opción (si es la segunda os la guardáis, hoy no creo que pudiera soportar más reveses).

Buenas noches, si es por la noche o buenos días (ya elegís la opción que corresponda) , mis jóvenes *padawan*, se os quiere mucho. Gracias por la terapia gratuita. Leed un poco cada día, aunque sean las desventuras de una escritora de poco éxito.

Dra. Ladoc

AFORTUNADA EN EL AMOR

Querido *dario*:

Hace mucho que no te escribo, porque para contar penas..., pues ya tenemos las telenovelas turcas. Bah, es broma, que todo me va genial. Ya solo falta que me toque la lotería, pero es una putada: ¡¡es que soy demasiado afortunada en el amor!! ¡¡¡No me va a tocar en la vida!!!

Imagino a alguien, el ser supremo o el encargado de recursos humanos de la Tierra (yo qué sé), preguntándome antes de nacer:

—¿Tú qué prefieres? ¿Ser afortunada en el juego o en el amor?

Y claro, una, que aún no ha nacido ni nada, ni sabe que vivir junto al mar en una villa con piscina mola mucho más que vivir en un tercero con vistas al vecino feo de enfrente, pues dice:

—Yooooo... ¡¡prefiero amor!!

Y halaaa, a firmar a lo loco sin que te hayan explicado bien las condiciones. Porque tú crees que solo te estás jugando, pues no sé, ganar al parchís o a la petanca. Sin embargo, hay juegos muy lucrativos: la ruleta, el póquer, la lotería o los euromillones. Y vaaale, que tener una parejita que te cuide, que te caliente la cama por la noche y que te ponga el hombro para llorar... mola mucho. Pero con unos cientos de millones de euros, tienes un ejército de mayordomos que no es que te cuiden, es que te llevan en volandas; te da también para un montón de mantas eléctricas (¡que no vas a tener tanta cama para calentar!); y oye, te puedes pagar el psicólogo que quieras para llorarle en el hombro. Además, los consejos que te vaya a dar van avalados por la profesionalidad (la mayor parte de las veces). Después, tú ya haces lo que te dé la realísima gana. ¿Qué va a hacer el tipo? ¿Despedirte de paciente? Pues te compras otro psicólogo. De hecho, puedes hacer hasta un *casting* de psicólogos. Es lo que tiene tener dinero.

Pero nooooo, yo elegí ser afortunada en el amor (consejo para mis *padawans*: hay que leer siempre la letra pequeña de lo que firmas). Y claro, ahora, ya enamorada, pues ya estás perdida, no hay remedio. Le coges cariñito a tu chico y dices: «¡El dinero no compra la felicidad!». Que sí, de acuerdo, no la comprará, pero no me diréis que no es más cómodo llorar dentro de un Jaguar que llorar encima de una bicicleta. Y al final, ¡todos acabamos llorando alguna vez!, porque serás afortunada en el amor, pero gilipollas para amargarte la vida te pueden aparecer cada día, por todas partes. Que no sabéis la de gilipollas que hay, ¡incontables!

Este año, lo que voy a hacer va a ser montarle un pollo a mi chico antes del sorteo de Navidad. Por probar... A lo mejor funciona. Seguro que alguno de vosotros me tacha de materialista y poco romántica. No obstante, yo tengo un plan: yo le monto el pollo, me toca la lotería y después, para que me perdone, lo invito a un crucero por las islas del Caribe (¡atrévete a llamarme poco romántica ahora!). Lo malo va a ser que no funcione... Aunque al ser afortunada en el amor, pues igual con un par de carantoñas la cosa se arregla igualmente.

Queridos *padawans*, si yo fuera millonaria, con toda probabilidad no estaríais leyendo esto y quizá os encontraríais haciendo cosas más productivas. ¡Pues haber elegido muerte!

En fin, síganme para más consejos y no dejen de leer nunca. Leer es una de las cosas mejores de la vida (junto con el amor... y el dinero, claro). Un abrazo fuerte y que no se diga que no elegí amor.

Dra. Ladoc

PROCRASTINACIÓN

Querido *dario*:

Ha pasado ya la semana de mis vacaciones y todos los planes que tenía para ella se han visto frustrados de uno u otro modo. Principalmente, porque tengo que confesar que soy una gran procrastinadora.

—Hola, me llamo Mina y soy procrastinadora.

Ya lo he dicho. En estas vacaciones tenía el firme propósito de arreglar los armarios del apartamento, donar un montón de ropa que ya no uso y hacer sitio para la nueva. Os diré cómo funciona el cerebro de un procrastinador. Yo hago planes, no creáis que simplemente somos gente desorganizada. Nooo, nosotros planeamos qué hacer, cómo hacerlo..., peeeero nuestro pequeño, ínfimo, insignificante, diminuto, desdeñable, fútil e intranscendente problema es: EL CUÁNDO.

Para un procrastinador, sieeeeempre hay algo mucho más interesante, urgente o divertido que hacer que aquello que se DEBE hacer.

La cuestión es que ahora tengo los armarios muchísimo peor que al principio, porque va a venir una persona a hacer una limpieza a fondo de la casa y para ponérselo más fácil he guardado todos los trastos que suelen *decorar* mi casa, hechos una pelota, dentro. Y ahora pienso que debería haber puesto una advertencia «No abrir, peligro», porque hay riesgo de muerte por avalancha si lo hace. Esperemos que se entretenga con las pelusas tamaño estepicursor (así se llama a las bolas rodadoras que corren por el desierto... para que no todo sean chorradas y aprendáis algo) que adornan los rincones del apartamento y no se dedique a abrir armarios.

¿Nunca os ha pasado que tenéis tan sucia la casa que os ponéis a adecentar todo un poco, antes de que venga la mujer de la limpieza, para que no piense que vives en una pocilga? ¿No? A mí tampoco, pero no por falta de vergüenza, sino porque soy procrastinadora y siempre tengo algo más entretenido que hacer. Pero si no lo fuera, lo haría. Al menos para que las bolas de pelusa no recordaran una peli del oeste.

Bueno, os dejo por hoy, que tengo que hacer un montón de planes que, por supuesto, no voy a llevar a cabo. Y acordaos de leer un poquito cada día. Con las cosas del leer, poca broma, mis *padawan*. Es la única situación en la que no me permito procrastinar.

Dra. Ladoc

ESTUPIDEZ HUMANA Y VACUNAS

Querido *dario*:

Ya lo dijo Einstein, «Dos cosas son infinitas: la estupidez humana y el universo; y no estoy seguro de lo segundo». Y al parecer no iba muy errado el caballero (ya sabéis, ¡¡¡era Einstein...!!!).

Solo tienes que ver unos diez minutos el telediario para descubrir lo acertado de la frase. No recomiendo subir la dosis porque podría ser letal, es del dominio público que las neuronas no se regeneran, y el telediario puede resultar más fatal que el *crack* en este sentido. Vosotros no habéis trabajado en urgencias, pero yo (que soy muy observadora), cuando hacía guardias, veía muchos ictus a la hora del telediario... Yo ahí lo dejo...

Pues corroborando la cita del famoso físico, ayer mismo vi en televisión una manifestación masiva (creo que era en Reino Unido) en contra de las vacunas para el SARS-CoV-2 (alias coronavirus). Alegaban que éramos cobayas de una experimentación de manipulación genética. ¡¡Que ya hay que tener fe en el poder de la medicina para creer que se puede manipular el genoma de alguien con una simple inyección!! Estoy casi segura de que esta gente probablemente no sepa la diferencia entre un alelo y un gen, entre congénito y hereditario, y que casi con absoluta seguridad desconozca cuantos pares de cromosomas tenemos.

¡¡Ojo!! Que no digo que tengan que saberlo (aunque lo de los pares de cromosomas es un poquito de cultura general), como yo tampoco sé diferenciar un carburador de un distribuidor, y mucho menos para qué sirven. Así que cuando voy al mecánico y me dice que tengo que cambiar una pieza, que me ha limpiado otra y que en dos meses, revisión de una tercera; le doy las gracias y le pregunto cuánto le debo. ¡¡Ni se me ocurriría pensar que está conspirando con la mafia rusa para asesinarme y que parezca un accidente!! ¿Lo de la mafia rusa os parece una soberana estupidez? Pues lo de la manipulación genética es exactamente lo mismo.

Un paciente me dijo el otro día que no se vacunaba porque el laboratorio que fabricaba las vacunas (no supo decirme cuál) había publicado (no supo decirme dónde) hacía un tiempo (no supo decirme cuánto) un artículo donde decía que la Tierra estaba super-poblada y sobraba gente (vaya novedad, ¡un gran artículo de investigación al parecer!). Por ello habían fabricado la vacuna, ¡¡¡para ir matando gente a largo plazo!!! Yo le indiqué que el virus ya se estaba encargando de ello ¡¡a corto plazo!! y con mucha mayor eficacia. Con haberlo dejado actuar sin hacer nada... (no supo qué decirme). Me encaaaaanta la gente tan informada.

Yo sé qué efectos tiene a largo plazo la vacuna (y no tenéis que guardarme el secreto): ¡¡mantenernos con vida!! Si en diez años me sale un tercer ojo en la frente, significará que he seguido con vida diez años. Lo cual, tal y como está el mundo, será todo un logro. Además, como nos hemos vacunado un montón, los raros entonces serán los que solo tengan dos ojos. Llamadme excéntrica, pero no me apetece morirme aún. La vida no será exactamente un camino de rosas, pero yo todavía le tengo algo de apego. Y ahora, haciendo un inciso, ¿en serio *camino de rosas* para indicar algo que es fácil de alcanzar? ¿No había otra flor que no tuviera espinas? No sé..., *camino de margaritas* o *camino de violetas*... Las rosas tienen una especie de enchufe en lo referente al idioma. Hay muchas frases hechas con esta flor: *ser un camino de rosas, irse de rositas, estar como una rosa...* Esta flor es la más usada en textos literarios, en cuentos... Y vaaaale, son chulas pero pinchan. Yo veo ahí un trato preferencial cuya justificación no veo muy clara.

Dejando atrás el inciso de las flores (es que me disperso, y yo creo que son los efectos secundarios de ver las noticias), si estos tipos quieren creer en memeces y necedades, jolín, pues que se apunten a algún grupo de *terraplanistas*, por ejemplo. Que también hay un porrón y pueden quedar para hacer encuentros sin atentar contra la salud pública. Además, es divertido leer lo que publican en redes, así todos pasamos un buen rato.

En fin, mis queridos *padawan*, vacúnense y dejen las conspiraciones y la fantasía para la literatura. ¡Ah!, y lean un poquito cada día.

Dra. Ladoc

LA VIDA DE UNA MÉDICA

Querido *dario*:

La vida de un médico es muy dura y me atrevería a decir que la de una médica, un poquito más. Caballeros, no se me espanten, ahora lo explico. Los médicos varones tienen que lidiar con síntomas, diagnósticos, tratamientos, urgencias, estrés... Las médicas, además, tenemos que convencer al paciente de que nos vuelva a contar lo que le pasa y explicar que el señor con barba que lo ha metido en el box de urgencias no es el médico, es el celador. Y sí, era muy amable y los ha escuchado con mucha paciencia, pero ahora, si quiere que lo diagnostiquen, tiene que volverte a contar a ti la historia. Eso casi nunca los convence... Es que donde esté una buena barba... Yo lo entiendo, ¿eh? Una barba da caché. Las barbas son el maquillaje de los hombres y si no... ¡que se lo digan a Jon Snow! Los defectos que cubre una barba bien poblada... Eso no hay cosmético que lo supere.

Hace bastantes años que ya no trabajo en urgencias (la suerte me sonríe, en otra vida debí ser delfín o un San Bernardo y ahora estoy cobrando los gigas de karma acumulado). Aunque llevo muchos años, muuuchos, trabajando con adolescentes (uuuuy, aquí ya no estoy tan segura de haber sido delfín...), pero no cualquier tipo de adolescente, que estos ya suelen ser bastante insoportables (en su defensa diré que son víctimas de las hormonas y que tampoco nosotros éramos tan buenos y majos como pensamos que éramos a su edad... ¡preguntad a vuestros padres!), noooo, son adolescentes con problemas. Y cuando digo problemas no me refiero al acné o a que han suspendido tres en la primera evaluación, me refiero a que han cometido delitos. A veces, delitos muy gordos, otras no tanto.

Lo que sí es un denominador común, en casi el 100 % de estos chicos y chicas, es el consumo o el abuso de drogas recreativas. Entonces, cualquier hijo de vecino pensaría que acostumbrados a fumar, esnifar o beber cualquier tipo de tóxico, no van a poner pegas a la hora de tomar un tratamiento... ¡¡¡Meeeeck, error!!! Les das un paracetamol y te hacen un tercer grado, ¡¡como si intentaras envenenarlos!! Se leen hasta el prospecto, porque literatura la gente no leerá, pero los prospectos se los lee todo dios. Seeeeh, vosotros..., ¡¡también!!

Estoy a un paso de proponer a los laboratorios que de vez en cuando metan algún poema de Garcilaso o de Rosalía de Castro, es la única manera de que se lea literatura voluntariamente entre estos chicos. Pues no es que se lo lean simplemente, ¡es que te hacen un examen después!, acusándote de que lo que les has dado puede matar en un caso de cada cien millones de personas. ¡Claro! No como la cocaína, que es supersaludable, no contiene gluten y no ha matado a nadie en los últimos... ¿treinta minutos? O el alcohol, que ¡cómo va a ser malo algo que desinfecta! Pero soy ¡YO! la que ha intentado matarlos con mis pócimas. ¡Malditos matasanos!

Porque eso sí, cuando estos chicos están en la calle, pueden hasta romperse un hueso que no se van a pasar por ningún centro médico (literal, no exagero). Sin embargo, cuando ingresan en la residencia, les entra una preocupación por su salud que roza, ¿¡qué digo roza!?, ¡¡¡que supera con creces los estándares del hipocondríaco común!!!

Ayer mismo subía a hacerle un test de antígenos a un muchacho aislado en la habitación por sospecha de infección por coronavirus y, mientras esperaba que se pintaran las rayitas del test, tuvo lugar la siguiente conversación:

—¡Mira que eres pupas, Roberto! (El chico no se llama Roberto, lo he cambiado para preservar la intimidad del menor, también porque desde que todos llevan mascarillas no acierto ni un solo nombre. A ver, antes tampoco, pero ahora tengo excusa).

—¡Qué dices, Mina! Si casi no voy a visitarte. Además yo me llamo Rogelio. (Tampoco se llama así, es que en la conversación le cambié su verdadero nombre y quería ser lo más precisa posible).

—Pero mira si vendrás veces que hasta casi he acertado cómo te llamas.

—¡Qué dices! Si como mucho bajo dos o tres veces por semana a la consulta. (Tened en cuenta que yo trabajo solo de lunes a viernes, así que la frecuencia relativa aumenta considerablemente).

Pues así vamos. Aunque al final se les coge mucho cariño, es una especie de síndrome de Estocolmo, pero al revés, porque son ellos los que están *secuestrados*.

¡Qué haría yo sin mis chicos! ¿Quién me diría... «Pues si me quedo cojo (o si me quedo ciego, o si me muero...), será por tu culpa»?

En fin, voy a cavilar la manera de envenenar con un ibuprofeno y que parezca un accidente. Mi mente malévola nunca descansa.

Cuidaos mucho, mis *padawan*, y leed algún libro, los prospectos están sobrevalorados.

Dra. Ladoc

HACERSE MAYOR

Querido *dario*:

Sin duda alguna, me hago mayor. ¿Que cómo lo sé? Pues hay varias cosas que me van dando pistas. Y ya no es que me vea en el espejo por las mañanas sin esa piel fantástica que lucen las mujeres de veinte años (¡¡que también!!), o que la gente de tu edad no habla de su rodilla derecha o izquierda sino de *la buena* y *la mala*, o que cuando te levantas del sofá lo haces soltando un quejido... No, eso ocurre, y es la parte mala de ir cumpliendo años (no me quejo, porque la alternativa —el no cumplirlos— de momento no me seduce en absoluto), pero me refiero a hacerse mayor de intelecto, de mente, de pensamiento... Esta parte ¡¡es la parte buena!!, ¡¡la genial!!, la que hace que la vida siga siendo divertida a pesar de los achaques.

Porque empiezas a necesitar gafas de cerca, sí; sin embargo, de lejos ves venir, con claridad cristalina, a los lerdos. Es como un superpoder que se intensifica, que se potencia con los años. Además, ya todo te la sopla bastante; sabes, a los segundos de hablar con alguien, que no merece la pena entablar una discusión con semejante persona porque la única neurona que tiene en la cabeza la necesita para dar la orden de seguir respirando. Y no quieres ser responsable de la muerte de nadie, por mentecato que te parezca.

Asimismo, ya ves las modas un poco desde la barrera. Porque ahora los hípsteres con sus barbas y sus coletas; y las Rosalías del mundo con sus uñas y sus chándales son muy molones, sin embargo, en unos años, serán los que salgan en programas *remember* y la gente del futuro se partirá la caña viendo a los *flipaos* del momento. Eso es así, y ¡lo sabes! Y lo sabes porque te haces mayor y ves cómo la historia se repite.

Tampoco tienes ya esa necesidad enfermiza de parecer interesante, de darte aires de intelectual, de vanguardista. Sabes que eres interesante y punto.

El otro día en una cena, una amiga nos comentaba que su hija había ido a una *performance*. Al parecer, salía una mujer desnuda que se paseaba con la cabeza metida en una casa transparente. En la butaca de delante de la hija de mi amiga, había un señor sentado que en un momento de la función se removió inquieto en el sillón, y se meó encima, dejando un pequeño charco en el suelo. La hija de mi amiga no estaba segura de si eso formaba parte o no de la *performance*. ¿Veis a dónde quiero llegar? ¿Qué porquería de espectáculo estás viendo en el que... el que un señor pierda el control de sus esfínteres podría formar parte de la función? ¿De verdad te está gustando? ¡¡Venga ya!! ¡Confiesa! En el fondo has estado reprimiendo varios bostezos y pensando, espero que acabe pronto que mañana madrugo.

Pues esto, cuando te haces mayor, te lo ahorras. Yo creo que como te va quedando menos tiempo, pues lo aprovechas mejor y en lugar de ver a la tipa desnuda con un invernadero en la cabeza, te vas a ver el último monólogo de Ana Morgade. Y te la trae al pairo parecer o no intelectual, lo que buscas es pasártelo bien.

Yo he decidido que prefiero ser feliz a tener razón, así que cada vez me meto en menos discusiones. ¡Con lo que yo era! ¡Pura pasión! Ahora..., ¡pues me da pereza!, si total, todo aquel mayor de 30 años no va a cambiar de opinión aunque le presentes evidencias irrefutables. Y es que la gente odia no tener razón o estar equivocado. ¿No me crees? La verdad, no me importa (ya sabes, me hago mayor). Pero si tienes curiosidad te recomiendo que veas este vídeo:

https://www.ted.com/talks/kathryn_schulz_on_being_wrong

Mis jóvenes *padawan*, solo una sociedad de majaderos es capaz de idealizar la juventud y considerar que llamar *viejo* a alguien es un insulto (a no ser que planees quitarte la vida antes de llegar a la madurez). Sed felices, vivid y dejad vivir. No uséis remedios homeopáticos, que son solo agua con azúcar. Y por supuesto, leed un poco cada día.

Dra. Ladoc

ESTOY BORDE

Querido *dario*:

Hoy tengo el borde subido, o sea, que a la cajera de Mercadona solo le he dicho «Gracias, pasa buena tarde», pero sin sonrisa ni nada. Que me diréis, «Con la mascarilla no se ve si sonríes o no». *Mimimimimimi*, no se verá, pero eso... ¡se nota! Ella sí ha sonreído (yo lo he notado), ¡pues yo no!, ¡porque estoy borde! No sé si la razón de mi estado ha sido dormir solo media hora (es una historia para otro *dario*) o soñar en esa media hora que mi jefe me echaba la bronca. O las dos cosas. O ninguna, y lo que me fastidia es que no tengo sueño y aquí estoy, con ojos de lechuza y sospechando que esta noche no va a ser mejor.

Precisamente hoy tenía que ir al taller a dejar el coche para la revisión (tranquilos, está bien, fuera de peligro. Solo un cambio de aceite y eso, le dan el alta mañana). Siempre me atiende una chica muy maja, nos damos conversación y nos sonreímos mucho. Sin embargo, hoy había un chico, que también quería darme conversación, pero como hoy estoy borde, pues le he contestado con monosílabos y algún *aha*.

Resulta que había pedido un coche de cortesía y yo no me acordaba... Que esto me pasa de toda la vida, lo de olvidarme de las cosas, quiero decir. Ya veréis qué pu**da de vieja, porque pensarán que es Alzheimer y me van a tener haciendo pruebas cada dos meses, o al revés, pensarán que son mis típicos despistes y acabaré un día caminando en camisón por la playa. Ya no sé qué será peor.

Bueno, pues esto del coche de cortesía... ¡La última vez que lo pido! He firmado más papeles que cuando pedimos la hipoteca de la casa. Cuando ya llevaba seis firmas he pensado: «Pero si tengo el metro en la puerta de casa y me deja en la puerta del trabajo... Aunque tendría que madrugar bastante más... ¡Y qué más da! ¡Si no voy a poder dormir!».

Y entonces mi nivel de antipatía ha subido un par de rayitas en el *bordómetro* y como el chico ya no intentaba darme conversación, y por consiguiente no podía expresar mi malhumor contestando con monosílabos, he firmado el resto de los papeles con desgana, ¡¡con letra de médico!!, ¡¡para que viera mi cabreo!!

Sin embargo, lo que ha acabado de empeorar el día ha sido el tratamiento de *rubia tonta* que me ha dado. Cada vez que voy a un concesionario de coches, a un taller o a algún sitio relacionado con motores o mecánica, me tratan ¡¡como si no tuviera ni idea!! A ver, no tengo ni idea, pero... ¡¡mi marido tampoco!! y a él le hablan como si estuviera en el equipo de mecánicos de Fernando Alonso. Además, yo no sabré qué es el cárter o la junta culata, ni sé dónde están... Pero este tipo tampoco sabe dónde están las glándulas suprarrenales. Bueno..., igual esas sí porque el nombre da muchas pistas, quizá no sea el mejor ejemplo... ¡¡Vosotros ya me entendéis!!

El coche que me ha tocado en suerte es eléctrico, así que el tipo del taller me ha preguntado: «¿Has conducido alguna vez un coche automático?». Genial, ¡mi oportunidad! Y he vuelto a los *aha*.

—Pues es lo mismo —me ha dicho.

Pero como soy rubia y mujer, ha visto oportuno explicarme el funcionamiento. También ha visto necesario decirme que los dos pedales (freno y acelerador) se usan con el mismo pie. Se ve que mi *aha*, acompañado de mi asentimiento de cabeza no han sido muy convincentes, porque además ha añadido:

—Te voy a dar un truquito: lo mejor es que dejes el pie izquierdo pegado a este lado del coche para recordarlo, así no te equivocarás y darás un frenazo sin querer.

¿Para recordarlo? ¡Chaval!, he estudiado medicina. ¿Sabes el nombre de cuantas bacterias, hongos, virus, síntomas, enfermedades y tratamientos tengo en mi cabeza? Y este tipo necesita darme un *truquito* para que recuerde que los dos pedales los debo usar con el mismo pie. ¿En serio?

¡¡Muchacho!!, me he recorrido Irlanda y dos veces Escocia en un coche de alquiler con el volante a la derecha, con lo que el cambio de marchas lo tenía que cambiar con la mano izquierda, y circular por el carril contrario al habitual. Además, por carreteras imposibles..., y ¿crees que no voy a ser capaz de conducir un coche para tontos en el que solo hay que frenar y acelerar? Todo esto lo he pensado, pero como hoy estaba muuuuy borde, me he limitado a asentir y articular un par de monosílabos, ¡¡¡que se fastidie!!!

Mañana, cuando recoja mi coche y devuelva el prestado quizá le diga cuán útil me ha resultado su *truquito*. No me negaréis que hay cierto placer en hacerse la tonta delante de un cretino.

Queridos *padawan*, voy a intentar dormir porque me veo escalando en mi nivel de adustez y dando las gracias a la cajera de Mercadona, aunque sin desearle que pase buena tarde..., y eso haría que me sintiera culpable al día siguiente.

Aaaah, y no olvidéis leer un poco cada día, y que cuando un coche tiene dos pedales puedes ser cojo de un pie.

Dra. Ladoc

LA FELICIDAD DE LAS PEQUEÑAS COSAS

Querido *dario*:

Dicen que la felicidad está en las pequeñas cosas, pero siempre he sospechado que no es del todo cierto y que las pequeñas cosas te hacen feliz, pero las grandes..., más. Porque si me encuentro un bombón de chocolate en la mesa, me pongo contenta, pero si me encuentro una caja llena de bombones... pues me pongo más.

Hoy, a pesar de ser lunes, a pesar del cambio de hora y a pesar de que cada día que pasa voy perdiendo un poco la fe en que mi madre me confiese que es millonaria y que me lo había ocultado hasta ahora para que apreciara el valor de las cosas..., a pesar de todo esto, hoy soy muy feliz. ¡¡Y es que voy a ser mamá!! Que algún envidioso dirá que si se me ha retrasado el periodo lo más probable sea porque estoy climatérica. Pues tiene razón, estoy climatérica, pero también voy a ser mamá. Me explico: me regalaron una *schlumberguera* hace algo así como un año. ¡¡¡Una planta!!! ¡¡A mí!!, que se me mueren hasta los cactus de plástico. Que puestos a regalarme algo, pues os voy a dar unas pistas: libros, chocolates, gominolas, zapatos (talla 38), un tesla, un yate, una mansión... Ya vais viendo qué os cuadra, según presupuestos. Haced el favor de no regalarme cosas vivas, porque el que pueda mantener respirando a mis pacientes no implica que pueda hacerlo con otro tipo de seres para los que no tengo formación. Y pese a que todos los astros vaticinaban un rotundo fracaso en la futura supervivencia de la *schlumberguera*, hoy llegué al trabajo y he visto que le van a salir un montón de flores. Que yo ya estaba feliz porque todavía sobrevivía, imaginad la sorpresa al ver que no solo no se ha secado, sino que me va a dar bebés.

Me han dado ganas de comprar unos habanos y regalarlos entre los compañeros de trabajo. Después he pensado que soy médica y que fomentar el tabaquismo no es manera de celebrar algo, así que al final lo que he repartido han sido comprimidos de paracetamol y mucha agua. Pero paracetamol del de marca, ¿eh?, nada de genéricos.

Y es que para hacerme feliz a mí, se necesita taaaaan poquito, que los días que estoy triste debería daros vergüenza. Me hace ilusión hasta recibir paquetes de Amazon, y eso que los he comprado yo y ¡ya sé lo que hay dentro! Pero qué le voy a hacer, me hace ilusión abrirlos, ¡*xe*! Porque yo entendería ese gusanillo y esa inquietud en los paquetes del AliExpress, que ahí la decepción te la llevas si te envían lo que has pedido porque ya te han jodido el meme del día.

Una cosa que también me haría muy feliz sería que un día me llamara mi jefe y me dijera:

—Mira, Mina, mañana y pasado no hace falta que vengas a trabajar y además vete a un restaurante guapo con tu chico, os tomáis lo que queráis y lo cargáis a nombre de la empresa.

Ya ves con qué poquito se puede hacer feliz a alguien. (Yo ahí lo dejo a modo de publicidad subliminal... que mi jefe me ha comprado el libro).

Bueno, pues la felicidad estará en las cosas pequeñas, pero digo yo que si sumas la felicidad de muchas cosas pequeñas, te da una felicidad más grande. Los bombones, por favor, sin licor.

Sed felices, mis jóvenes *padawan*, y leed... Nunca dejéis de leer.

Dra. Ladoc

WILL SMITH

Querido *dario*:

Cada día soy más consciente de que esta sociedad va perdiendo con los años el arte de insultar con agudeza, con estilo. Sin ir más lejos, a mí la reacción del señor Smith en la ceremonia de los Óscar, pues me ha decepcionado. ¡¿Qué queréis que os diga?! ¡Claro!, yo, que he crecido viendo *El príncipe de Bel-Air*, me esperaba algo más de ingenio por su parte.

La actuación del otro individuo ni la califico, porque, ¡¡ya le vale al tipo!!, con la cantidad de calvos que debía haber en la ceremonia justo se fue a meter con la única mujer. Yo ahí veo maldad (llamadme perspicaz). Maldad del sujeto por la broma de mal gusto, pero maldad en la audiencia... sí, sí, sí, ¡¡en la audiencia!!, por reírle la chanza al susodicho (entre los que podemos añadir también al Sr. Smith... seeeeeh, que he visto el vídeo y él... ¡¡también se ríe!!).

Yo creo que Will, al ver la cara de su mujer, se aturulló y pensó «Ups, lo arreglo rápido o esta noche duermo en el sofá». ¡¡¡Pero hombre...!!!, eso de ir repartiendo galletas cuando alguien te ha hecho un chiste grosero... Me podéis tachar de rara, pero a mí no me parece elegante. Y yo, que soy toda una señora, educada en colegio de monjas, no soporto la ordinarez. ¡¡Mira!! Pues cosas que te meten las monjitas en la cabeza y ya se te quedan grabadas a fuego. Eso y lo de salir de casa con ropa interior limpia por si tienes un accidente.

Personalmente, del tío que encarnó al príncipe de Bel-Air y a uno de los *men in black*, me esperaba algo más de ingenio. No sé, de haber sido él, yo habría salido con un contoneo de rapero sobrado y le habría dicho:

«Chris, Chris, Chris... esta gracia es improvisada, ¿no? ¡¡Porque se nota!! Es curioso que te metas con el aspecto exterior de la cabeza de alguien, precisamente tú, que en un apocalipsis zombi la tuya estaría totalmente a salvo. Tu materia gris no le daría ni para un canapé al *comesesos* más desdentado. Supongo que no es culpa tuya y este tipo de comentarios son debidos a que tu sistema digestivo se ha invertido, y cada vez que abres la boca... Aunque, no sé si me entiendes, como hoy no me traje la pizarra y las tizas de colorines igual te cuesta un poquito... Pero vamos a dejarlo, porque no me gusta iniciar una batalla de ingenio cuando el contrincante va totalmente desarmado. Sigue, sigue con el *show*, pero habla un poco más despacio, para que nos dé tiempo a ignorar todo lo que dices».

Y después habría vuelto a mi sitio con el mismo contoneo o quizá con uno algo más exagerado que el primero.

Estoy casi segura de que los zascas le habrían dolido más al Sr. Rock que la galleta que recibió, con la ventaja adicional de que no suelen acarrear problemas legales y, en mi modesta opinión, son muuuucho más elegantes y divertidos.

Mis queridos *padawan*, si repartís galletas, que sean de chocolate; para todo lo demás, sed elegantes, sed ingeniosos, como Cyrano de Bergerac, y no dejéis de leer nunca.

Dra. Ladoc

ROBER

Querido *dario*:

Hoy me levanté contenta, lo malo es que siempre viene un idiota y te lo estropea.

¿Vosotros no habéis tenido a esa persona en vuestro trabajo que te facilita tanto las cosas que no sabrías qué hacer sin ella? ¿No? ¡Pues yo tampoco! Pero de esas que hacen que tu día a día sea un poquito más surrealista, de esas... ¡hay a patadas! Por poneros un ejemplo: Rober, un administrativo del centro de salud (he cambiado el nombre del individuo porque mi jefe, que también es su jefe, sigue mi carrera de escritora de cerca y tampoco es cuestión de que despidan a nadie por echarnos unas risas).

La gente se preguntará: «¿Cómo puede hacer esta persona que tu día se estropee?». *Buah*, fááááácil... Pues pasándote una simple nota. Una nota que parece una pista de una *escape-room*: «Te ha llamado un doctor a las 13:48». Que lees eso y te dan ganas de empezar a buscar como una loca por la consulta. ¿El qué?, no sé, la otra parte del mensaje cifrado, un candado o algo, como si fuera una yincana.

Y cuando ves que ese mensaje es todo lo que hay, entonces sales de tu consulta y tienes el siguiente diálogo:

—Rober, he encontrado esta nota. ¿De dónde me han llamado?

—Pues... no me lo ha dicho.

—¿Y tampoco te ha dicho qué es lo que quería?

—Sí, eso sí. Me ha dicho que quería hablar con la doctora de guardia.

(*Buah*, para que después digáis que no es competente el muchacho).

—Ya, ya (modo *paciencia ON*). ¿Pero te ha dicho en relación con qué asunto?

—Ah, no, no. Eso tampoco me lo ha dicho.

—¿Y el nombre del doctor...? ¿Ha mencionado quién llamaba?

—Sí, eso sí me lo ha dicho..., pero no le he entendido.

Aquí ya el modo paciencia pasa a *¡¡¡WTF!!!* No sé si Rober piensa que volver a preguntar el nombre es descortés, no lo pregunta para que no lo tachen de cotilla o me tiene en tan alta estima que sobrevalora mis dotes deductivas... Hay misterios que siempre quedarán sin resolver.

—¿Y un teléfono? ¿Te ha dejado un teléfono de contacto?

—Ah, no, es que me ha dicho que tú ya lo tenías, que lo llamaras en cuanto llegaras.

Aquí una se vuelve a la consulta derrotada. Hay batallas que están perdidas antes de pelearlas ¡y lo sabes! Pues así transcurren mis días, perdiendo la guerra.

Ayer mismo entraba en el centro de salud y Rober, que es un muchacho muy dispuesto, me abría la puerta para que pasara. En ese momento me di cuenta de que las llaves de la consulta las había olvidado en el coche.

—Rober, por favor, me podrías abrir la consulta. Me he dejado las llaves en el coche.

Rober volvió a su escritorio (supuse que a buscar la copia de las llaves que ellos tienen) y yo me dirigí hacia mi lugar de trabajo y me quedé esperando en la puerta unos minutos. Claro, hasta para los reflejos de Rober, cinco minutos para recorrer veinte metros son demasiado, así que volví a salir a recepción y vi a Rober sentado con comodidad tras el mostrador de la entrada.

—Rober, ¿no me ibas a abrir la puerta?

—Ah, como me has dicho que tenías las llaves en el coche...

¿En serio? Pero este chico cuando me dirijo al INTERIOR del edificio..., ¿dónde supone él que he aparcado el coche? ¿Al lado de la camilla? Pues así cada día.

Lo he meditado mucho y al final he decidido darle órdenes sencillas, porque supongo que debe tener un problema de memoria a corto plazo y solo se queda con la última copla. Así que hoy mismo le he dicho: «Rober, hay que ir a por un medicamento al almacén». Todo esto vocalizando bastante, por si todo fuese un asunto de sordera, que nunca se sabe. He bajado la vista para escribir el nombre de lo que quería, pero al levantar los ojos... Rober ya había desaparecido. He salido papelito en mano al mostrador de la entrada y su compañera me ha dicho que había cogido el ascensor, que le había comentado que iba al almacén. Y aquí me tenéis, esperando a ver con qué medicamento vuelve. ¡¡Imagínate que acierta...!!

Lo que ya me ha dejado absolutamente maravillada es enterarme de que Rober ha conseguido echarse novia. Lo cierto es que me ha entrado una curiosidad morbosa por saber cómo es su pareja. Imaginármelos en la primera cita. Me imagino a la chica saludándolo.

—Hola. —Ella acercándose para darle un par de besos—. Rosaura.

—No, no. Me llamo Rober.

—Ya, tonto, Rosaura soy yo. —Risita nerviosa porque piensa que es una gracia.

—¡Como has dicho «Hola, Rosaura»!

(...)

Ella:

—¿Y trabajas...?

—No, ahora no, tengo libre, por eso he quedado contigo.

Yo creo que la cita fue todo el rato así y ella debió pensar que el Rober era un cachondo. O quizá la chica es un poco más simple que Rober (pero eso es bastante improbable, estaríamos hablando ya de la especie de las medusas). A lo mejor ella sigue pensando que su novio es para partirse la caja. No le veo otra lógica. En fin, igual Rober tiene algún talento oculto que todavía no he descubierto. No pierdo la esperanza.

Me queda decir que si vuestros compañeros de trabajo son tan eficientes y dispuestos como Rober, os puedo pasar un teléfono para terapia de grupo. No os voy a mentir, no va a hacer que ellos mejoren, pero reunirse con gente que está pasando por tu misma situación une mucho y siempre consuela.

Queridos *padawan*, sed lo más felices que podáis, no subestiméis el poder del lado oscuro, y si no queréis ser como Rober, leed.

Dra. Ladoc

EL DINERO Y LA FELICIDAD

Querido *dario*:

Hoy he escuchado una noticia en la radio y el desasosiego me reconcome por dentro. Porque este descubrimiento puede causar el caos y la destrucción del mundo que conocemos hasta ahora. Y no me llaméis exagerada, porque es algo que puede llevarnos a un nuevo orden mundial. Resulta que uno ya no puede confiar ni en la sabiduría popular, aunque, bien mirado 😵😵, esas dos palabras juntas bien podrían considerarse un oxímoron.

No nos desviemos del tema. Resulta que mi entorno se desmorona ante mis ojos y todo por los resultados del estudio del profesor Matt Killingsworth, de la Universidad de Pensilvania, ¡¡que ya le vale al señor el apellido!! Os traduzco por si hay alguien de la ESO que me lee (ESO y leer, mira tú, hoy es el día de los oxímoron). *Killing's worth* significa: matar vale la pena. Si es que ya hay apellidos que te vetan algunas profesiones, no me imagino en un hospital a la de megafonía: «Llamando al Dr. Killingsworth al quirófano. Dr. Killingsworth al quirófano tres». O en el avión: «Soy el capitán Killingsworth, hoy atravesaremos unas pequeñas turbulencias...». Nooo, hay apellidos que ya marcan desde un principio. Este, por ejemplo, pues me cuadra mucho más con ser sicario a sueldo. ¿¡No me negaréis que lo clava!?

Venga, que me disperso. Al parecer, dicho estudio ha demostrado que a mayor nivel de ingresos, más feliz es uno. Es decir, la felicidad aumenta de forma constante y consistente a medida sube tu renta anual. Y esto no tiene tope; ergo, ¡¡¡el dinero SÍ da la felicidad!!! ¡¡¡Y cuanto más tienes, más feliz eres!!!

¿Quién podría haber imaginado esto de no habérnoslo dicho este estudio? ¿No os parece una absoluta locura? ¡¡¡El dinero facilitando la felicidad de la gente!!! ¿Qué pasará a partir de ahora que ya lo sabemos?

¡¡Imaginad!! La gente podría empezar a casarse por la pasta. ¡¡Por pasta y no por amor!! ¡Qué barbaridad! Claaaaaro, si el dinero da la felicidad, pues este tipo de desatinos y sinrazones quizá comenzaran a suceder, ¡da que pensar! Y además, esto podría sembrar la duda entre todos aquellos ancianos y ancianas podridos de billetes que se casan con modelos 30 años más jóvenes; se les podría pasar por la cabeza que lo han hecho por interés en su cartera, cuando está clarísimo están *in love* hasta las trancas.

Otro asunto que preocupará: los anuncios comerciales y la publicidad. Esta podría tener la tentación de convertirse en engañosa para incitar a comprar. ¡Todo valdría por la pasta! O, incluso, muchos podrían empezar a dedicarse a profesiones para las que les falta vocación, ¡¡solo porque se pagan muy bien!! Haciendo desgraciada a la gente con la que tratan. ¡Qué disparate!

Y ya es que ya me pongo en lo peor: ¡¡los políticos podrían trabajar por interés en enriquecerse y no por servir al pueblo!!, e incluso (y ya sé que esto es hacer política-ficción), podrían volverse corruptos para atesorar más bienes y así ser más felices... Bueno, con esto quizá me he pasado, perdonadme, pero es que me pongo a discurrir y se me va un poco la pinza.

Lo que quiero decir es que si la sabiduría popular o el refranero español están equivocados en este asunto, lo podrían estar en otros muchos más. Por fantasear, quizá valgan más cien pájaros volando que uno en mano y la gente empiece a soñar con cosas mejores y deje de conformarse con su vida tranquila y mediocre. O que si madrugas solo pasas sueño y Dios no te ayuda en absoluto. O que los males no vienen por ningún bien; imagínate qué consuelo nos quedaría. Y que si alguien te hace llorar, no es porque te quiere bien, sino porque es una persona mezquina y ruin. Mi mundo se tambalea, al final será mentira hasta que las rubias son tontas.

Lo medito y vamos a tener que cambiar incluso la letra de algunas canciones, de manera que todo lo que necesitarás no será amor y será dinero. ¿O imagináis un mundo donde fuera el dinero el que lo rigiera? ¿Donde el poder estuviera basado en el peculio? A mí me da pavor llegar a este tipo de conclusiones, prefiero pensar que el ser humano es capaz de hacer cosas por altruismo para buscar así la felicidad, y no por un intercambio monetario.

Mis queridos *padawan*, lo que me hace muy feliz es teneros leyendo, aunque sea este libro; quizá también que me toque un Euromillón, pero creo que para eso hay que jugar..., o mirar el resultado si esa semana has jugado; sin embargo, las estrellas nunca se alinean para que se me cumplan ambas premisas, así que me conformaré con el pájaro en mano.

Intentad ser felices a pesar de vuestra pobreza y leed un poco cada día.

Dra. Ladoc

CONTAMINACIÓN Y PENES PEQUEÑOS

Querido *dario*:

Mira que intento mantenerme apartada de las noticias en general, pero estas me persiguen. Y yo que quiero permanecer en una desinformación absoluta para cosechar una felicidad necesaria, acabo queriendo contrastar información y concluyo así: con mis *darios* y mis desvaríos.

Esta vez la noticia fue poco más que sorprendente. Resulta que la contaminación está haciendo que los hombres tengan cada vez el pene más pequeño. No es que se les vaya encogiendo (tranquilos todos, no es necesario que os pongáis como locos a emigrar a Islandia, que lo que os ha tocado en suerte es lo que vais a tener, eso ya no os lo quita nadie). Resulta que la contaminación hace que nazcas con la colita más chiquitita. Y no es un *fake*, que lo he contrastado. ¡¡Y en qué mala hora!! Desde que lo busqué en Google no dejan de llegarme anuncios de dispositivos para alargar el pene, cremas y demás remedios. Que Google te espía, pero te espía mal. De todas formas, para el que esté interesado, pues que me contacte y ya le voy pasando enlaces. No vais a preguntarme ninguno, ¿verdad? Si es que...

Así que después de contrastar esta noticia, mi mente analítica no ha podido detenerse ahí y he empezado a pensar: «¿Qué países serán los más contaminados?» Y ya me tienes haciendo búsqueda en Google de nuevo, a riesgo de recibir publicidad de máscaras antigás u ofertas de búnkeres y refugios nucleares (que igual esos enlaces sí me pueden venir bien en un futuro, ¿quién sabe?). A lo que nos interesa. El país más contaminado y que gana con muuucha diferencia es ¡¡¡China!!! Después le sigue Estados Unidos y el tercero en el *ranking* es la India. Lectores, lectoras y queridos *padawan*, yo ahí lo dejo (que siempre es una información interesante). Después de esto, a una ya le va cuadrando todo y comprende por qué hay tantos chinos emigrados por el mundo.

Pero claro, yo he querido ir más lejos, porque lo que más consumimos es producto nacional, y me he preguntado: «¿Qué ciudades de España serán las más contaminadas?». Pero esto me lo cuestiono yo por mero interés científico, ¡¡no vayáis a pensar mal!! Os informo entonces. Muchas de la comunidad de Madrid y Cataluña se llevan la palma (Leganés, Mollet del Vallés, Coslada, Getafe, Madrid...). Valencia, sin embargo, ha bajado sus niveles de contaminación en un 27 %, aunque para ser justos, la ciudad menos contaminada de España es... ¡Tachán!: Las Palmas de Gran Canaria. ¿Será por eso lo de canarios? ¿Por el tamaño del pajarito? En fin, ¿lo pilláis?, no es bueno en mi caso ver las noticias, ahora me presentarán a alguien de Leganés y lo primero que pensaré será: «Mira, un *pichacorta*». Y eso está feo, ¡tú! Porque aunque el tamaño algo sí importa (sobre todo a ellos, eh, y quizá a un *ínfimo* 98 % de la población femenina heterosexual), pues no se debe juzgar a nadie por su aspecto físico. Y es que Disney ha hecho mucho daño, ¡porque envía mensajes contradictorios!, nos dice que la belleza está en el interior, pero al final la Bestia no se queda así de fea, noooo y todos queremos que se rompa la maldición y vuelva el príncipe guapo... Seeeh, tú, también, no mientas. En fin, que de haberse sabido esta noticia antes, ahora la Antártida estaría superpoblada.

No digo más, que desde que salieron los resultados del estudio a la luz pública, ha habido un montón de cambios de empadronamiento. Con deciros que ya hay zonas rurales en España que están abriendo centros comerciales y construyendo su propio aeropuerto. Y ahora en Tinder, en los perfiles, lo peta decir que eres palmense y que no has pisado una ciudad industrial en la vida.

Yo ya he escuchado conversaciones en el metro:

—Oye, ¿qué tal te fue ayer con tu cita?

—Uy, fatal, con decirte que era de Coslada...

Y es que hay hombres que están borrando de sus currículos que han estudiado en Estados Unidos. O que han montado empresas en la India. Y esto es solo el comienzo. Señores periodistas, hay noticias que pueden hacer mucho daño; que no digo yo que esté bien informar, pero esto es ir a hacer sangre, que este tema es muy delicado.

Lo que nunca os va a dañar y siempre os va a reportar un gran beneficio es la lectura. Mis jóvenes *padawan*, leed un poco cada día.

Dra. Ladoc

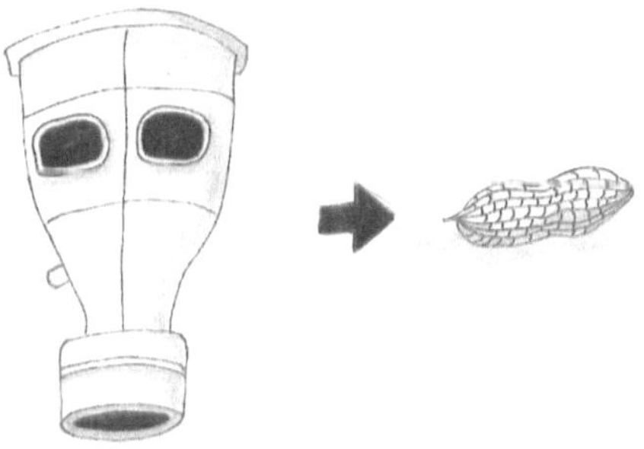

LA MEDUSA

Querido *dario*:

Hace unos días tuvimos espectáculo en la playa. Es lo que sucede en verano, vienen los mesetarios huyendo del calor y al verse en tierras (y aguas) desconocidas para ellos, pues ocurren cosas insólitas.

Y es que cuando uno es de secano y a algunas criaturitas del mar solo las ha visto en los documentales de La 2, pasa lo que pasa. Al parecer un mesetario central (todo esto son suposiciones, por el acento que ostentaba al hablar) vio en el agua una medusa, una medusa grande. Tengo que decir que ellos les tienen más miedo a las grandes. Los del terreno les tenemos más miedo a las pequeñas, porque son más difíciles de ver y suelen atacar a traición.

Nuestro mesetario vio una del tamaño de medio hipopótamo (de acueeeeerdo, llamadme exagerada, aquí me he pasado un poco, era a lo sumo como un cuarto de hipopótamo) y lanzó un grito de alarma directamente proporcional al tamaño *medusil*. Que ya sé que esta palabra no la recoge la RAE, pero yo la veo como una bonita candidata..., cosas peores me han aceptado estos señores, no se me vayan a poner tan finos ahora. Sigo con lo que iba contando. El valiente mesetario dio una voz de alarma, a mi parecer, un poquito desproporcionada. A ver, es una medusa, vaaaaaale; ¿te puede picar?, síííííííí. Pero no exageremos, que no es un tiburón blanco o una orca asesina. Estas medusas grandes, al poder ser vistas desde la lejanía, son fáciles de esquivar; solo tienes que apartarte un poquito y ellas siguen su camino... Ni te van a perseguir ni vas a perder una pierna por su ataque.

La cuestión es que el hombre quiso *salvarnos* a todos de tan peligroso animal y pidió el arma adecuada para la lidiar con tamaño enemigo y así sacar del agua *al terror de la costa*: ¡¡una pala!!

Claro, la pala de playa, para sacar a una medusa de ese tamaño, resultó ser insuficiente y se partió por la mitad. Eso causó una tensión tremenda entre todo el círculo de preocupados espectadores que ya se había formado. Pero nuestro intrépido mesetario (hay que poner tono de Félix Rodríguez de la Fuente para leer esto último... Los que no sepáis quién fue, no habéis tenido una infancia), como iba diciendo, nuestro futuro héroe nacional pensó a la velocidad del rayo y ordenó entonces... «¡¡Un cubo!! ¡¡Traed un cubo!!».

Ya sabemos cómo son los cubos que se llevan a la playa... Como el tamaño del mismo era menor que el volumen de la medusa, e inversamente proporcional al temor a ser atacado por ella, pues podéis imaginar un poco cómo se desarrolló la situación.

Seré breve, en medio de estos cuarenta y ocho minutos de angustia, en los que todo el mundo estaba sometido a esta tensión de «¿Lo conseguirá? ¿Le picará?», una mujer (que con toda probabilidad era rusa..., o valquiria o vikinga) se abrió paso entre las olas al estilo de Moisés abriendo las aguas del mar Rojo. Llegó con decisión adonde estaba el valiente mesetario y con sus manos desnudas cogió la medusa por la parte que no pica (la de arriba, son los tentáculos los que pican... esta información es por si hay gente de la ESO leyendo), la levantó del agua, salió con ella en brazos y la depositó en una papelera cercana.

Imaginad el bajonazo: el mesetario con el cubo rosa y purpurina amarilla en la mano, sus ayudantes que lo arengaban en su empeño, la gente casi sin uñas por culpa del estrés acumulado... y viene esta tipa y ale, se carga de un plumazo toda la escena digna de una peli de Spielberg. ¡Venga ya! ¡Pobre hombre, tú! Que igual el tipo ya tenía problemas de autoestima por ser de Leganés (ya se sabe que con la contaminación el tamaño de... ya me entendéis). ¡Que no todo el mundo puede pagarse una terapia!

Y es que esta gente, los rusos, los alemanes, los sajones, los del norte en Invernalia... ¿No os parece que su código genético es un poquito diferente al nuestro? A ver, para soportar temperaturas como las que tienen por sus países, deben tener un par de genes extra, no fastidies. Uno se pasea por Valencia en invierno, que aunque te pongas tres abrigos encima y te envuelvas en una manta de gore-tex no entras en calor, ¡¡que sí!! ¡¡que esta vez no exagero!!, es por la humedad ¿sabéis...? (uuuuy, esta frase me ha sonado muuuucho a conversación entre pensionistas) y ves a los guiris en las terrazas del centro tomando una cerveza en maga corta y chanclas. Uno ya piensa: «Igual están en un bucle espacio temporal, o sea, están espacialmente en Jamaica y temporalmente en julio». Porque si no, yo no entiendo nada. Además, ¡el tamaño que tienen!, que te toca uno delante en el cine y entre que las pantallas cada vez son más pequeñas y el tallaje de la *almendra* de estos tipos, despídete de ver nada.

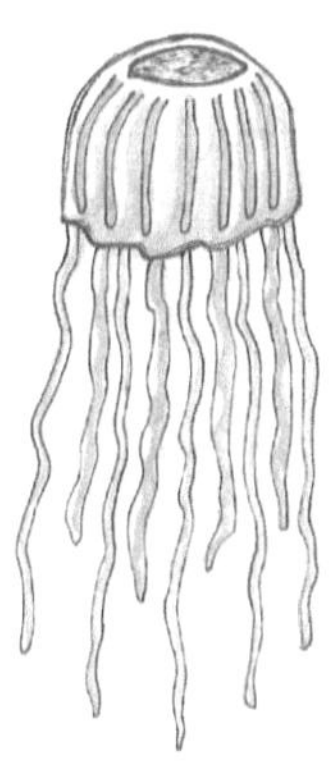

Aunque, ya me reiré cuando Ryanair ponga sus precios según el peso del pasajero, que eso está ya ahí, se habla poco, pero todo llegará, ya veréis.

Así que ya está bien, señores y señoras guiris, de humillar a pobres mesetarios y dejarnos a los demás sin espectáculo. Ni un aplauso se llevó la rusa, que aquí somos muy solidarios con el producto nacional. ¡Faltaría más!

Si alguna vez os pasa alguna cosa así de vacaciones, lo mejor es tener un plan B, y qué mejor plan B que un libro. Leed siempre, mis *padawan*, y llevad cubos más grandes a la playa (solo por si acaso).

Dra. Ladoc

MI COCHE Y EL PILAR

Querido *dario*:

El otro día quedé prendada de un pilar de mi garaje (esos ángulos, esa rayita roja pintada de forma coqueta...), y yo, que ya había oído eso de que el roce hace el cariño, pues ¡fui con todo! *¡All in!* (porque la valenciana cuando ama...) y me rocé muuucho, en concreto todo el lateral del coche. Pero no un rasconcito, naaaaaah, eso es para *amateurs*. Una servidora, cuando se pone a hacer algo, ¡va a lo grande!

Nada, que dice Rober, el del taller (que no se llama Rober, pero ya sabéis que yo siempre protejo mis fuentes). Pues eso, comenta Rober que tiene que pedirme una puerta nueva y que no me haga ilusiones, que en una semana la cosa no va a estar. Que él, chapuzas, no hace... A mí esto me da la sensación de que barato no va a ser (llamadme intuitiva). Ya se sabe que, en el amor, todo se acaba pagando.

La cuestión es que una servidora ya se levantaba temprano. Pues ahora, cuando salgo hacia el metro, no es que aún no hayan puesto las calles, nooo... Es que todavía están recogiendo las del día anterior. ¡Madrugo tanto! que Dios no se ha despertado aún para ayudarme. Encima, tengo la arrugas necesarias para que nadie me considere joven, pero no las suficientes como para que alguien me ceda el asiento en los transportes públicos. Un asco, tú. Y todo por enamorarse de quien no se debe, ¡***dito pilar! Además he ido a prendarme de un pilar que me la pega con todos los vecinos. Se ha rozado con la mitad de ellos y coquetea con la otra mitad. Soy una desgraciada.

El taller al que lo he llevado esta vez es nuevo, se llama Talleres Rober Motor. Que como nombre, lo que se dice original original... Yo creo que este tipo de nombres no dejan lugar a dudas de quién manda en la empresa y también de que los tíos, para poner nombres, pues no son lo que se dice muy creativos.

—¡Ya está todo montado!, Rober. ¿Qué nombre le ponemos?

—Pues yo pensando pensando, creo que podríamos ponerle Taller Rober.

A ver, que yo no niego que Rober será un crac de la mecánica; ahora, con lo de pensar, a mí me da que se rinde con facilidad. Pero como su segundo de a bordo es como mínimo *millennial* o compone en una banda de *trap* (¡a saber!, que ahora cualquiera te escribe cuatro ripios en Facebook y se cree un poeta), lo acaba de redondear:

—¿Y si le ponemos: Talleres Rober Motor?

—¿Pero si solo tenemos un taller?

—Yaaa, pero así queda mucho más *cool*.

Y Rober, por no preguntarle al iluminado qué cojones es *cool*, claudica, aunque solo porque su nombre todavía sigue en el rótulo.

Pues el tal Rober es experto en chapa y pintura (chapa de coche, pero también porque cuando vas te echa la chapa...). Eh, no me malinterpretéis, que el chaval es muy majo, aunque me sacó una batería de tarjetas de color rojo y comprendí cómo se debe sentir mi chico cuando le pregunto si me pinto las uñas de color coral, *nude* o mejor un rosa palo. Lo cierto es que ahora estoy mucho más solidarizada con los daltónicos. Me sacó unas doce muestras del mismo color (a mis ojos de profana ¡¡lo eran!!) y empezó a mirar cuál de ellas coincidía con el color de mi Mazda rojo. Ya os digo yo que ¡¡las doce!! Ni los colibrís podrían distinguir los matices de la batería de fichas que sacó. Este hombre debe tener un superpoder, si fuera superhéroe sería *Colorman*. Se lo rifarían los diseñadores, os lo aseguro.

Pues el hombre también es muy profesional. Me ha estado manteniendo al día, vía WhatsApp, de las piezas que le van llegando, junto con material gráfico, y de cómo me está desmontando el vehículo. Me ha enviado una foto de mi coche sin rueda y medio destripado (eso sí, me ha dicho que no me asustara). Ni los médicos somos tan cuidadosos, porque algunas imágenes pueden herir sensibilidades, y Rober... ¡¡lo sabe!!

También me deseó feliz Semana Santa y ahora feliz fin de semana. Este servicio tan personalizado me está mosqueando un poco. Es igual que cuando vas a una tienda de ropa y te sacan *champagne* (que yo esto lo sé por una amiga, ¡eh!). A ti mejor que no te dé un soponcio en el Zara, porque ni agua te van a ofrecer. Pero si te sacan un Moët & Chandon, ten la seguridad de que la falda no te va a salir por 30 € (avisados quedáis, mis *padawan*). Pues tanta foto, tanta batería de colorines, tanto feliz fin de semana... Me voy temiendo que la factura es un suma y sigue.

Lo dicho, mis queridos *padawan*, cuidado con los flechazos. Los pilares son traicioneros (y un poco casquivanos). Lo que nunca te va a defraudar es un buen libro. Leed, insensatos.

Dra. Ladoc

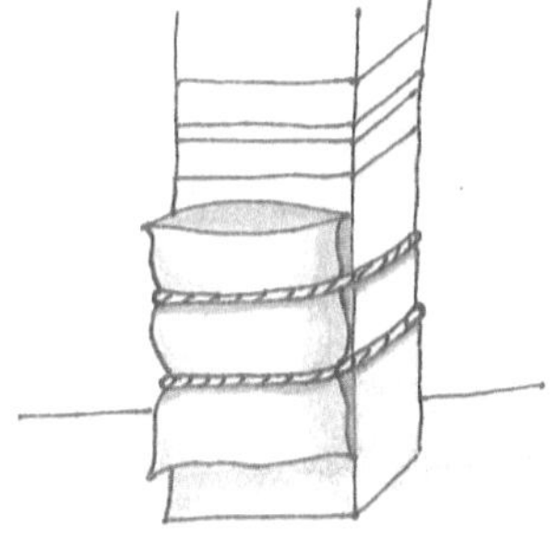

PALILLOS CHINOS

Querido *dario*:

A mí este mundo me confunde, no consigo entender algunas cosas. Os pondré un ejemplo. Un par de amigas y yo, a veces, nos pasamos por un restaurante japonés para comer. Tengo que decir que todo está muy rico, pero te siguen preguntando si quieres palillos o tenedor. A ver, es como si te preguntaran en el estanco: «¿Quieres un encendedor o te doy un par de piedras y yesca?». Pues mis amigas... ¡¡¡piden la yesca!!! Así es, así es. Que digo yo: «¿Qué tiene de divertido acabar con la mano contracturada intentando coger los palillos o que se te caiga ocho veces la comida al plato antes de conseguir llevártela a la boca?». Que las primeras cuatro, pues te ríes. Hasta que te empieza a rugir el estómago y ya no hace tanta gracia.

Claaaaro, ves esos bocaditos chiquitos que preparan y lo comprendes. Si tienes media hora para comer y has de hacerlo con unos palillos, pues con dos cachitos de *sushi* tienes entretenido al personal un buen rato. Eso en el País Vasco no pasa, os lo aseguro. Allí la gente, para comer, poca broma. ¿No veis que levantan *piedrolos* para divertirse? Que eso con un par de cachitos de salmón y cuatro granos de arroz ¡¡no se puede hacer!!

Yo reflexiono: pero si en Japón hay tecnología para aburrir ¿cómo es que aún están con los palillitos? ¿En serio? Que allí todo el mundo tiene el último modelo de móvil, trenes que circulan levitando, casa domóticas que te diagnostican hasta una infección de orina cuando vas al baño... Pero para comer: unos palillos, ¡¡con un par!! ¡Pero si es sopa de fideos...! ¡Pues también con palillos! Yo creo que es para que la gente no coma mucho, porque si se me ponen gordos a ver cómo se meten en esas cajas de zapatos que tienen por casas. Está todo pensado. Además se ahorran un buen pellizco en menaje y en espacio para guardarlo. Porque aquí está el tenedor de la ensalada; el de la carne; el del pescado... La cuchara de sopa; la de helado; la de café... El cuchillo de la mantequilla; el del queso... Vamos, que necesitas dos casas japonesas solo para la cubertería. Allí, con un par de palillos para todo, solucionado.

Pues así funciona nuestro mundo, con incongruencias como esta. O como que participe Israel o Australia en un concurso de Eurovisión. Que yo muy buena en geografía no he sido nunca (nadie es perfecto, oiga) y sé que las fronteras han cambiado *un Putin* desde que yo estudié, pero yo a Australia la veo un poco alejada de Europa, llamadme tiquismiquis. Y después a mí me paran en la frontera de Andorra como si fuera una inmigrante sin papeles.

Otro asunto, lo de que existan cremas de día y de noche. Yo no sabía que la piel cambia con las horas ¿Y a partir de qué hora es ya de noche? ¿Y si me equivoco y me pongo la de día..., me pasa como a los Gremlins y me reproduzco? Un día, por equivocación, me puse la de noche para ir al trabajo y un agobio por si me dormía, ¡un mal rollo, tú!

Que las mujeres, con los productos femeninos, tenemos una cruz... Seeeeh. Para ser mujer hay que hacer un máster en cosmética y productos de higiene íntima. Que hay compresas con alas, sin alas, súper, maxi, anatómicas, regular... Copas vaginales de diferentes formas colores y tamaños. Tampones con o sin aplicador, *pearl,* mini, compact... Maquillajes cubrientes, hidratantes, luminosos, antiarrugas, con *brilli-brilli*, correctores, alisantes... Labiales permanentes, humectantes, mate, potenciadores del volumen, de sabores... Que una sabe cuándo entra en la sección de droguería del Mercadona, pero se tarda menos en salir de una *escape room* nivel avanzado. Y si eres novio o marido, majoooo, ¡estás perdido! Con deciros que hay gente que no ha regresado ya a su casa buscando el acondicionador de pelo que le había encargado su pareja. Se les ha pasado la vida, ¡así!, sin quererlo. Se sabe del caso de un chico que consiguió encontrar los tampones que le había encargado la novia, pero tardó tanto que al volver a casa ella ya había entrado en la menopausia, y el tipo —que había querido siempre ser padre—, pues nada, que la abandonó. Una historia de amor al traste por unos tampones. Un drama.

Mis queridos *padawan*, si tenéis que perderos, lo mejor es que sea en una biblioteca. Sed felices y leed un poco cada día.

Dra. Ladoc

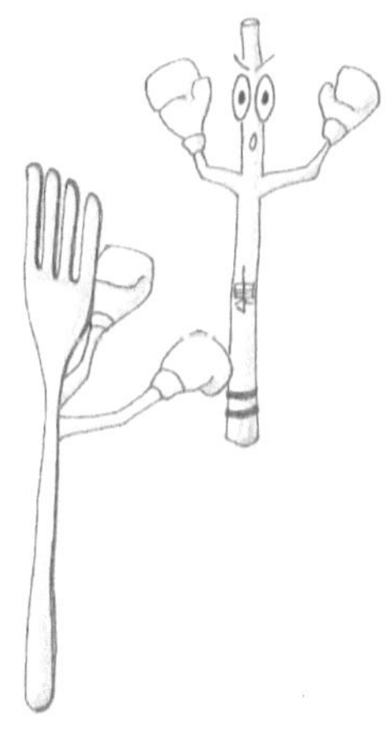

EL CALOR

Querido *darío*:

Hoy me he levantado tempranito a pesar de haberme ido de fiesta anoche. Cuando digo fiesta, no se me emocione nadie; cenita, risas y bar de copas. Que una ya no tiene edad ni fuerzas para ir a una *rave*. Pues mi cabeza no entiende eso de: has trasnochado, entonces duerme un poquito más. Nada, que ya se lo expliqué mil veces y el teórico me lo aprueba con nota, pero a la hora del examen práctico ¡¡suspende siempre!! Y a las 6:30 de la mañana ya va dando un poquitito la lata —y no digo «jodiendo la marrana» porque soy toda una señora, educada en colegios finos y sabéis que la elegancia me pierde—. Lo que iba diciendo, que empieza a dar un poquito la tabarra con: «¡¡Que es tarde, levántate ya, son casi las 7!!». Pues me he despertado y a esa hora ya estábamos a unos 30 grados de temperatura. Que esto sería noticia si estuviéramos en Islandia en pleno invierno. Pero resulta que estamos en la costa levantina en pleno mes de agosto. A pesar de que todo es bastante *usual*, y aunque no poseo una bola de cristal, sé con absoluta certeza que hoy en las noticias van a hablar del calor sofocante y les preguntarán a:

— una señora septuagenaria con abanico en mano;

— un señor calvo con las bolsas de la compra;

— un par de jóvenes en una terraza tomando unas cervezas;

— una señora joven con niños pequeños;

— un tipo con ropa deportiva;

— un obrero de la construcción;

— y a una pareja bajo una sombrilla en la playa…

Qué es lo que van a hacer para combatir el calor. Y no se conformarán con preguntarlo en una sola ciudad, esto lo van a preguntar en distintos lugares de la península. ¿Y cómo lo sé? Porque lleva ocurriendo desde que empecé a tener edad para ver el telediario, allá por los años ochenta. Y no lo van a hacer solo hoy, noooo. Lo van a ir repitiendo cada día, lo que te va a hacer dudar de si vives en un perpetuo día de la marmota. NO, tranquilos, el tiempo sigue transcurriendo, no estamos atrapados en un bucle temporal, que no cunda el pánico. Así se van a pasar quince minutos de telediario, cada fastidioso día —observad que alguien con menos clase y menos elegancia que yo no habría dicho *fastidioso*—, con respuestas tan originales como: pues yo con el abanico y agua fresquita; ventilador y en casa; aire acondicionado; una ducha fría; un bañito en la playa y a la sombrita; unas cervecitas bien frías…

El día que alguien diga, «Pues yo me voy a hacer un buen cocido y a ver la tele con una mantita en el sofá», yo creo que eso sí será noticia. Mientras tanto, yo les pediría a los periodistas que fueran un poquito más originales con las preguntas y así todos nos lo pasaríamos mejor. No sé. Se me ocurre por ejemplo preguntar: ¿Y con este calor, qué superpoder le gustaría tener y adónde le gustaría teletransportarse? ¿Si Frozen fuera su cuñada, la invitaría cada verano? ¿Qué opina de esos desodorantes que dicen que duran 48 horas y de la gente que se lo cree? —Aquí en lugar de *gente* podría haber puesto algo menos elegante, pero ya sabéis, el saber estar me pierde—. ¿Opina que el calor hace que haya más asesinatos entre la población? ¿En qué animal le gustaría convertirse este verano para soportar mejor el calor? ¿No considera que la novela «Ídagan. Las cuatro Torres» es tan buena que lo va a transportar a otro mundo haciendo que ni se acuerde de la temperatura? —Que alguien me tachará de hacer publicidad subliminal, pero está equivocado, es una promoción digna de un tiburón de las mejores empresas de *marketing*—. No sé. Son preguntas y reflexiones que yo me hago porque en los últimos cuarenta años se ha estado usando el mismo guion de entrevista, que tal vez es porque el sueldo de periodista tampoco es para echar cohetes y ponerse a escribir otras sería *un pateo*, como suele decir Hugo, hijo de mi amiga Vicky.

Me imagino al periodista becario, con ilusión, diciendo: «¿Pero esto no lo preguntamos ya ayer? ¿No sería mejor...?» y siendo acallado por el periodista senior «¡¡Esto lleva funcionando así más de cuarenta años, no vengas ahora a importunarme con tus nuevas ideas!!». Y fijaos que he dicho *importunarme* cuando cualquier persona con menos elegancia habría escrito alguna vulgaridad malsonante. ¡¡Si es que la educación viste mucho!!

De todas formas, opino como el becario; que alguna preguntita nueva para sorprender, tampoco sería mala idea. Yo lanzo el guante...

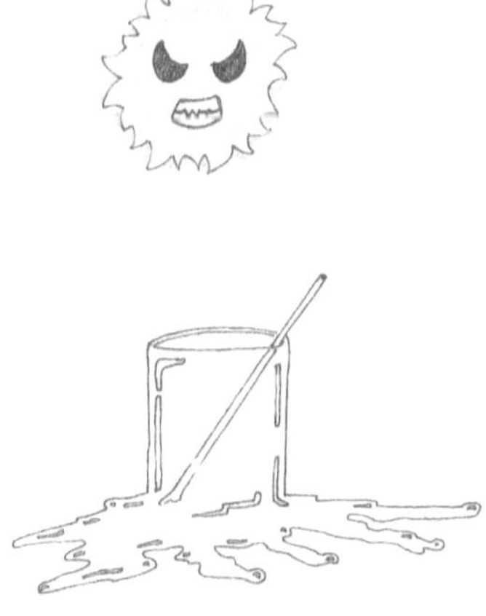

En fin, a mí el calor me gusta más que el frío. Será porque nací en agosto. Será porque lo relaciono con las vacaciones. Será por mi mar Mediterráneo... Me gustan las frutas del verano, mucho más que las de invierno. Me gusta llevar poca ropa y poder moverme con libertad. Me gusta ducharme con agua fría y después tomarme una piña colada (sin ron... yaaa, soy rara). Lo que no me gusta es ver las noticias entrevistando a la gente cada día, con las mismas preguntas y las mismas respuestas (llamadme tiquismiquis). Además, relaciono el verano con la lectura sin prisas, sin horarios.

Queridos *padawan*, un buen libro que os atrape en su mundo puede haceros bajar (o subir, según lo que uno busque) la temperatura corporal varios grados. Leed y huid de la estulticia, los estólidos y los estultos.

Dra. Ladoc

COSAS SOBREVALORADAS

Querido *dario*:

Hoy me levanté refunfuñadora. A ver, *padawan*, una no puede estar siempre de risas, a mí hoy me apetece estar beligerante, así que eres libre de continuar leyendo o de seguir con tu aburrida, desabrida e insulsa existencia sin mi presencia en ella... ¡Tú eliges!

Veo que elegiste bien (puesto que estás leyendo). Prosigo con lo que estaba diciendo... Hoy, con toda seguridad, muchos de vosotros no estaréis de acuerdo con mi visión del mundo, ¡qué se le va a hacer! Cualquiera no tiene mi capacidad analítica. No pretendo convencer a nadie de nada, porque eso es imposible. La gente tiene discusiones para lucir su propia dialéctica, nunca para escuchar los argumentos del contrincante. Jamás vi un debate en el que uno de los ponentes acabara diciendo: «¿¡Cómo no lo había visto desde tu punto de vista!?» o «¡¡Me has convencido con tus pruebas irrefutables!!» Naaaaah. Cada uno está convencido de que tiene razón y de que el resto del mundo está equivocado. Así que no pretendo que comulguéis con mis desvaríos de hoy (aunque yo sí la tengo).

Hoy vengo a comentaros que he tomado consciencia de que en el planeta que habitamos hay un montón de cosas sobrevaloradas. Por poner un ejemplo: las ostras. ¿Nadie opina que comerse unos mocos con sabor a agua de playa está un poquito sobrevalorado? ¿Y qué me decís del primero que se comió un caracol? Ese tipo estaba pasando hambre, ¡y no poca!, a mí que no me digan. Personalmente, considero que un huevo frito con patatas es un plato mucho más apetecible que unos callos, unos sesos o una Kobe Patty, que para los que no sepan qué es dejad que os explique: se trata de una hamburguesa. Hasta aquí guay, ¿verdad? Hasta los veganos les ponen de nombre *hamburguesa* a los triturados raros de verduras que ellos hacen, y eso es porque las hamburguesas molan, que ese nombre vende por sí solo. Pues esta está hecha de queso, langosta, caviar (parece que sigue molando, ¿eh?) y... —aquí viene lo bueno— excremento de comadreja. Seeeeeeh, has leído bien, lo que se conoce como heces, deyecciones, evacuaciones, deposiciones..., o sea..., mierda. Y todo ello por el módico precio de 666 dólares americanos. En mi opinión, el tipo que la consume además de ser literalmente un *comemierda* (si lo pronunciáis *comemielda*, suena más cubano) diría que un poquito gilipollas ¡también es! No ya por comerla (que sí, que también), sino por pagar por ello una fortuna.

Pues como esto, mil ejemplos. Otra cosa muy sobrevalorada en la sociedad es la sinceridad. ¿En serio? A la gente se le llena la boca diciendo que ellos quieren a alguien sincero en sus vidas ¡¡¡Y eso es mentira!!! La sinceridad es de las peores cosas que nos podemos encontrar en este mundo. Lo que pasa es que no queremos a alguien sincero, queremos a alguien que mienta bien, que mienta como un profesional, ¡un artista del embuste! Porque solo hay una cosa peor que un tipo sincero: un mentiroso que lo haga mal.

Lo que odiamos no es que nos mientan, es descubrir que nos han mentido. Pero qué necesidad hay de decirle a tu jefe que preferirías comerte una hamburguesa con excremento de comadreja antes que la tarta que ha traído para celebrar su cumpleaños. ¡No seáis sinceros! ¿Qué ganáis? Que vuestro jefe os coja inquina y que el pobre hombre se vaya desolado a su casa. Hay que mentir, y hay que entrenarse para hacerlo bien.

—¿Estoy más gorda, cariño?

Nunca hay que responder con sinceridad a este tipo de preguntas. NUNCA.

—¿Me sientan bien estos pantalones?

Mieeeeente. Pero hazlo bien, ve a clases si es necesario, pero la verdad no le interesa a nadie. Repito, mis inexpertos *padawan*: ¡A NADIE!

¿Más cosas sobrevaloradas?: la empatía. Aunque sí hay que desear que los demás sean empáticos, pero uno mismo... ¡¡¡NOOO!!! ¿Si eres empático, quién gana? ¡¡El otro!! Tú no. Tú sufres..., por el otro. Entonces empiezas a querer ayudar, a desvivirte por la otra persona.

¿Quién gana?: EL OTRO. Por tanto, ¿quién pierde?: TÚ.

Hay que valorar la empatía en los demás, pero no hay mayor ventaja que tener un puntito —nada muy acusado, que luego os liais a matar y descuartizar a otras personas y eso ya no mola nada— de psicopatía. Simplemente, que te la sople un poco el vecino. O tus compañeros de trabajo. O la gente en la cola de Mercadona... Porque uno es empático y ve una ancianita..., la deja pasar; una mujer con niños pequeños..., la deja pasar; un señor invidente..., lo deja pasar, y así ¡¡se te pasa la vida, *padawan*!! ¡¡En la puñetera cola del Mercadona!!

La empatía es algo que no beneficia al que la posee. Es como ponerse perfume, uno al final satura sus neuronas olfativas y únicamente disfrutan del perfume los demás, es decir, te gastas un pastón para el deleite de narices ajenas. Pues con la empatía pasa lo mismo.

Y ya no quiero hablar del amor. En una pareja SIEMPRE ama uno más que otro. ¿Qué le vamos a hacer? Las cosas son así. Eso es de primero de «Introducción al amor». Lo que pasa es que no se puede medir el nivel de enamoramiento y por ahí muchas parejas se salvan. Pero hay señales. El que más quiere, suele ser el que más sufre... Viene a ser como una *empatía conyugal*. Uno de los dos siempre va a estar más pendiente de los deseos del otro, le va a enviar más mensajitos, le va a comprar su comida favorita, le va a dejar notitas con corazones, se va a acordar del aniversario (¿De cuál? ¡De todos!) y a cambio no va a recibir una respuesta equitativa ¡¡Porque el amor está sobrevalorado!! Yo os aconsejaría que os enamorarais (porque lo de las mariposas y eso, pues está chulo), PERO POCO, lo justo para dar el pego. Si os enamoráis locamente vais a sufrir —quedáis avisados—. Y si, obviando mis sabios consejos, al final lo hacéis —lo de enamoraros como idiotas, digo—, entonces tiene que ser de una persona muy empática o en su defecto de un gran mentiroso que te haga creer que eres la única persona que ocupa sus pensamientos. Ya me daréis las gracias.

Sabéis qué cosa no está sobrevalorada: la lectura, mis queridos *padawan*. La lectura nunca defrauda, hasta de un mal libro se pueden sacar cosas buenas. Por lo que... ¡Leed! Enamoraos de un buen libro.

Dra. Ladoc

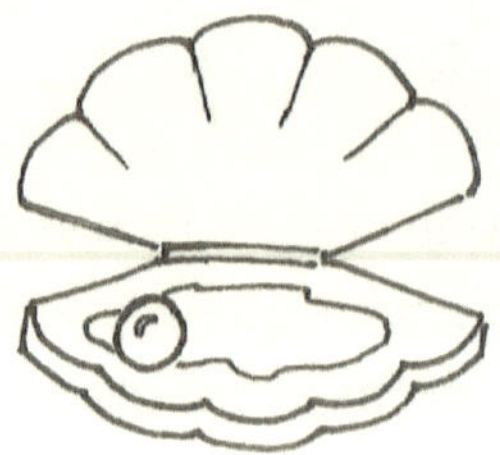

SOLOGAMIA

Querido *dario*:

Siempre me he considerado una persona tolerante, intelectualmente moderna, comprensiva y de mente abierta a todo aquello que pueda devenir en un futuro próximo. Sin embargo, el otro día me vi enjuiciando ciertos comportamientos, lo que me sorprendió de forma desagradable, puesto que siempre he considerado el reprobar la innovación y los cambios sociales algo asociado a la senectud. Así pues, parece que es oficial... ¡Me hago mayor! ¡Hay que jorobarse! (Los que no sean tan elegantes como yo pueden cambiar la palabra *jorobarse* por otro sinónimo más vulgar).

No obstante, he querido reflexionar sobre el asunto que ha hecho que me plantee si en realidad me estoy convirtiendo en una vieja estrecha de miras. Todo ha venido a raíz de que se ha puesto de moda la *sologamia*. Para aquellos que, como yo, no conocían el neologismo, os diré que se trata de contraer matrimonio con uno mismo. Al parecer, los *sológamos* son aquellos que tienen claro que no quieren compartir la vida con nadie más y que quieren ser felices con ellos mismos. Un «yo me lo guiso y yo me lo como» de toda la vida. Que llamadme tiquismiquis, pero... ¿eso no estaba ya inventado? ¿No sería lo que toda la vida se ha llamado *soltería*?

Pues parece ser que no, porque se celebra una boda, con vestido, banquete e imagino que luna de miel. Y a partir de aquí, mi mente ha empezado a elucubrar. Porque todo parece muy sencillo sobre el papel y con un montón de ventajas. No sé, así a bote pronto, una de ellas sería que al comprar un regalo de cumpleaños a tu cónyuge, ¡¡aciertas seguro!! ¿Qué se te olvida el día del aniversario o el de los enamorados? Oye, pues te ahorras una bronca. Más ventajas que se me ocurren serían que no tienes que discutir con nadie sobre qué película quieres ver en el cine ni qué programa de la tele se pone por la noche. Y en el tema sexual... ¿quién mejor que uno mismo sabe lo que le gusta, cómo le gusta y cuándo le apetece? ¡¡No te vas a quedar con las ganas nunca!! Y además con la satisfacción de decirte:

—¡¡Qué bien he estado!!

Aunque después me pongo a pensar y se me ocurren situaciones no tan idílicas. Porque, si sales de marcha, conoces alguien que te mola y te lo llevas a casa... ¿Te estás siendo infiel a ti mismo o simplemente estás haciendo un trío? Y si te enamoras y te planteas compartir la vida con él/ella —el/la que conociste de marcha, se entiende—, ¿cómo va lo del divorcio? Supongo que de común acuerdo. Pero ¡ojo!, vas a seguir viviendo de por vida con tu ex. De esto se habla poco, no obstante, es un punto a tener en cuenta.

Y cuando decides casarte contigo mismo ¿cómo haces para pedirte matrimonio y sorprenderte? ¿Te compras un anillo? ¿Te lo escondes en el postre del restaurante y te haces la sorprendida cuando lo encuentras o simplemente te plantas delante de un espejo y te declaras rodilla al suelo? Y si eres mujer, ¿cómo narices te las arreglas para no ver vestida a la novia antes de la boda? ¿¡Cómo eliges el vestido!?

Y la cosa se puede poner aún peor: imagina que tienes personalidad múltiple y no todas tus personalidades están listas para semejante compromiso. ¿Tienes que ir a un terapeuta de *autopareja*?

—Doctor, tiene que ayudarnos, Lucy y yo queremos casarnos, pero Sofía se niega en redondo. Siempre ha sido muy inmadura y tiene miedo al compromiso. Eso ha sido así desde pequeña.

Y al final, si entra en razón y también accede a casarse, ¿creéis que la tocapelotas de Sofía se va a poner el vestido que han elegido sus otras dos literalmente *alter ego*? O imagina la situación: a punto de darse el *sí quiero* y al final Sofía dice que no, que no se casa y planta a sus otras dos personalidades en el altar.

La madre de la novia, ¡un disgusto! Las madres es que son así, se disgustan por todo. Si se casa la niña: «¡Ay, qué poco la voy a ver! ¿Se acordará de su madre?». Si no se casa: «¡Ay, que se me queda para vestir santos! ¡Mírame, todas mis amigas con nietos y esta niña sin novio!». Es lo que tiene ser madre.

El disgusto es inherente a las madres, igual que el chip que yo creo que les meten en la episiotomía el día del parto que las impele a alimentar a la prole. Tú vas a casa de tu madre toda una tarde y si no comes algo, es como si no hubieras ido. No cuenta. No es culpa suya, ¡ES EL CHIP!

Después están los invitados. Estos sin saber qué hacer, si quedarse a la recepción de después o no. Hay quien piensa que no es de buen gusto; los más prácticos: «¡Total, se la van a cobrar igual a *las novias*!» Un lío, ¡*xe*! —esto último se pronuncia *che*, para los que no son de la *terreta*—. Tampoco se deciden a quién culpar. Ya no saben si llamar a casa por si se pone Sofía al teléfono, ¡un mal rollo, tú!

De todas formas, yo estoy casi convencida (llamadme malpensada) de que lo de la *sologamia* triunfa porque a los solteros les pasa lo que a mí con los amigos que han tenido hijos. Yo estoy harta de hacer regalos a cada retoño que nace sin posibilidad de recuperar la inversión, y ellos están hartos de hacer regalos para las bodas de sus amigos y quieren que estos también se rasquen un poquito el bolsillo. Una boda es una estrategia perfecta para recaudar. Que sí, que pensaréis que es una visión materialista y poco romántica, pero yo no descartaría la teoría tan al tuntún.

Mis queridos *padawan*, si hay que casarse, lo mejor es hacerlo con una buena saga de libros. Estos siempre están dispuestos a dar el *sí quiero*.

Dra. Ladoc

COSAS DE MI MADRE

Querido *dario*:

Supongo que todas las madres del mundo tienen sus peculiaridades y sus cuestiones en común. Porque lo de «... Y si tus amigos se tiran desde un puente ¿tú también te tiras?» ¡¡¡es un clásico!!! Si tu madre nunca te lo dijo al alegar que todos tus amigos hacían esto o aquello cuando ella no te dejaba, entonces te recomiendo encarecidamente que le hagas un test de maternidad. Otro clásico a la pregunta... «Mami, ¿dónde está *(loquesea)*?» es un impepinable...: «¡¡¡En su sitio!!!». Aunque hay que reconocer que en este caso puede haber variaciones como un... «¡¡Donde tú lo has dejado!!». Y si ya no lo encuentras, la típica amenaza inconclusa: «Como vaya yo y lo encuentre...». Que nunca supe que habría pasado de haber venido, nunca se dio el caso de insistir. Yo sabía que había batallas que nunca vas a poder ganar y cosas que es mejor no encontrar.

Mi madre, como buena madre de manual, ha cumplido con todos y cada uno de los enunciados anteriores, y otros como:

—El día que yo no esté os come la mierda.

Ahora soy plenamente consciente de la sabiduría que encerraban estas palabras y de lo exquisitamente acertadas que eran.

—Ponte una muda limpia, no vayas a tener un accidente.

Ya me imagino al cirujano en obstinada oposición a intervenirme porque mi muda no estaba limpia: «¡Que no, que no, que mire esas bragas, se nota que son de ayer, yo tengo mi dignidad, me niego en rotundidad a operar a esta señorita».

—¡Ni moto ni mota!

Que aquí las madres fueron unas visionarias en el lenguaje inclusivo y no se les ha dado todo crédito que merecían.

—Tómate el zumo enseguida que se pierden las vitaminas.

¡Oye!, que aún, a día de hoy, mi madre me lo sigue repitiendo... ¡¡Ella se pasa por el forro que yo haya estudiado medicina!! ¿Voy a saber yo más que ella en cuestión de vitaminas? ¡Ja! Que mi madre es de las que veían «Saber vivir» y me daba unos discursos sobre el colesterol bueno y el malo... Pero solo para que yo estuviera al día.

—¿Te crees que soy el Banco de España?

O la variante...

—¿Tú piensas que el dinero crece en los árboles?

La cuestión del dinero sí me preocupaba, yo crecí pensando que éramos pobres. A ver, que ricos no éramos, pero en mi mente estábamos al borde de la mendicidad.

Pero yo no vengo a hablar de las cosas que me unen a vosotros, queridos *padawan*, en cuestiones de maternidad. Os vengo a hablar de las peculiaridades que tiene mi madre y que yo creo que la hacen única en su especie.

Mi madre, cada vez que me ve —la frecuencia es más o menos semanal desde que cumplí los dieciocho años—, cada vez y repito, CADA VEZ que me ve, me dice que he perdido peso. Si esto fuese cierto, yo ya habría desaparecido consumida hace décadas, aunque la otra posibilidad es que yo a los dieciocho años tuviera el tamaño de un satélite pequeño con su campo gravitacional y creara mis propias mareas. Para mi madre nunca estoy lo suficientemente bien alimentada. Cuando le digo que se equivoca, que peso un kilo más que la semana pasada, tuerce el gesto como si le estuviera negando a Jesucristo, para añadir: «A ver, ¿qué has comido hoy?». No os lo vais a creer, pero el interrogatorio de un miembro de la Gestapo es mucho menos temible que el que me hace mi madre sobre la comida.

Además, cualquier proceso patológico al que me veo sometida —porque los médicos también enfermamos, de hecho somos población de riesgo— es por culpa de mi mala alimentación. ¿Que he pillado una conjuntivitis?, es porque no como bien. ¿Qué me he torcido un tobillo corriendo?, es claramente debido a mi deficiente alimentación. ¿Qué cómo es eso posible? Muy fácil, como mal, por lo que no tengo la energía necesaria y un simple tropezón hace que me tuerza un tobillo. Cualquier enfermedad que he sufrido desde que no estoy bajo sus maternales cuidados es causada por mi incapacidad para nutrirme como es debido. Estos últimos meses he estado algo triste —porque vosotros solo conocéis mi parte de risas y fiestas, pero como cualquier escritora que se precie soy un alma atormentada—. Pues como os decía, si no paso desde hace una temporada por un buen momento, mi madre ¡¡sabe la causa!! ¡Es porque no me alimento como debo! No concibe que la inapetencia pueda ser consecuencia de la pena y no al revés. Para ella, la solución a mi desolación pasa por comerse unas lonchas de jamón serrano. Mi madre dentro de nada publica en el Lancet un artículo de *Cómo curar la depresión con un buen potaje de garbanzos*.

Otra cosa que hace a mi madre absolutamente única es que ella —a pesar de sus escasos cincuenta kilos— es una de las personas más calurosas que he visto en mi vida. El tema de llevarse una rebequita por si refresca lo he tenido que estudiar yo de forma autodidacta. Y no he tenido más remedio que hacerlo porque, a diferencia de mi progenitora, yo soy una friolera nivel «cambia rebequita por plumas con revestimiento triple de GORE-TEX». Ayer, en plena canícula, mi madre me tocó una pierna, yo que soy un sumidero de calor, un agujero negro de energía calorífica... la tenía fresca y mi madre se alarmó y me dijo: «¡Tú estás muerta! ¡Eso no es normal». Ya habréis podido observar que como forense, mi madre mucho futuro no tiene... Pero eso sí, tenía la causa de mi supuesta *moribundez*... Pues claro: ¡mi nefasta alimentación!

Y por último y por no extenderme, mi madre era de las que castigaban con algo que el resto de madres ni habría pensado... ¡¡No os lo perdáis!!, me castigaba con NO LEER —mira si las madres saben dónde pican los castigos—.

Yo creo que por influencia del señor Cervantes, también está convencida de que si leo tanto, se me va a secar el cerebro. Si me convierto en Quijota y me da por ir a luchar contra molinos de viento, que vaya alguien y se lo diga, pero, ¡¡por lo que más quiera!!, que le asegure que hago cinco comidas al día que si no, me busca la ruina.

Mis queridos *padawan*, nunca castiguéis a vuestros hijos con no leer, hay castigos que son desproporcionados y crueles. Y alimentaos bien o corréis el riesgo de morir atropellados. ¿Que os parece absurdo? ¡Ja! Eso es porque no habéis hablado con mi madre.

Dra. Ladoc

YOGA

Querido *dario*:

Ayer mismo, mi amiga Montse me comentaba que aquí en la playa van a darse unas clases de yoga. Pero no unas clases de yoga normales, noooo. Yoga sobre una tabla de *paddle surf*, ¡¡en el agua!! ¿No os parece que la maldad humana no tiene límites? Una servidora, que ya ha tenido una experiencia previa con el yoga sobre terreno firme, no imagina tortura mayor que hacer lo mismo, pero sobre una tabla ¡¡en el agua!!, y no en el agua de una piscina, nooo, en el mar... ¡¡con sus olas y todo!! Si eso no es algo perverso, que roza los límites del sadismo, ya no sé qué puede serlo.

A ver, yo salgo a correr cada día, y la gente me suele decir:

—¿Te gusta correr? Yo lo encuentro muy aburrido, prefiero clases de zumba o el *beat fit* o el *body jam*...

¡¡Que si me gusta correr, dicen!! ¡¡Pues claro que no!! ¡¡¡A quién en su sano juicio le gusta correr!!! Si eres normal, es imposible que te guste. Cuando yo salgo, a los treinta segundos ya quiero abandonar y pienso: «¡Total, si la obesidad tampoco está tan mal!».

Correr no es solo aburrido, es también duro. ¿Por qué corro? Pues porque cuando repartieron el equilibrio y la coordinación mano-pie, pues yo debí quedarme dormida y se la dieron a otro. Así que algún listillo o alguna listilla ahora hace yoga en el mar porque va sobradito/a de equilibrio ¡a mi costa!

Ya de pequeña empecé a sospechar que algo no iba bien cuando bajaba a la piscina y en varias ocasiones el socorrista me sacó del agua. Al parecer, mi estilo a crol era bastante similar al chapoteo de alguien que se está ahogando.

En la adolescencia, que los de la discoteca llamaran al SAMU en un par de ocasiones porque había una chica en la pista de baile sufriendo una crisis epiléptica ya me dio bastantes pistas sobre mi capacidad de armonizar los movimientos al compás de la música. Y mi problemilla debía ser de una gravedad poco desdeñable, que pensad que yo ya tengo unos añitos y la adolescencia en Valencia me pilló en plena ruta del bacalao; por lo que gente bailando espasmódicamente debía haber unos cuantos.

En la universidad, mi hermana y yo nos apuntamos a clases de aeróbic (que mira si suena antiguo que la palabra ya sale en el DRAE), pero entonces la oferta gimnástica no era como ahora, que has de comprarte un diccionario para saber a qué cosa inscribirte. Os diré que ya en las primeras clases fui consciente de que lo mejor sería ponerse en última fila, para no destacar. Lo malo es que aquello estaba lleno de espejos y no había ni un ángulo muerto en toda la clase —que ya podrían tomar apuntes los fabricantes de coches—. La profesora viendo mi *superpoder* para confundir derecha e izquierda y mi habilidad para realizar las vueltas en sentido contrario y unos cinco segundos más tarde que mis compañeros, me dijo que debía ponerme en primera fila, para no perderme... Bueno, os resumo, creo que soy el primer caso a quien le han ofrecido un reembolso completo y una compensación económica si aceptaba la invitación para abandonar las instalaciones del gimnasio. Que de no haber sido tan amables, casi habría pensado que me estaban expulsando. Si lo miráis bien, yo habría podido explotar este don y ganarme la vida así, a base de indemnizaciones para que abandonara los gimnasios. Por desgracia (para mí) una tiene principios y conciencia.

Hace unos pocos años, quizá por ver si mis habilidades con la coordinación y el equilibrio se me habían desarrollado ya... —¿Qué pasa? Hay veces que a uno le salen muy tarde las muelas del juicio, pues con esto, a lo mejor, a mí me ocurría lo mismo y el mundo se estaba perdiendo otra Ana Pavlova—. Lo que decía, hace unos años volví a las andadas y me apunté a yoga. Que eso de los chacras y toda la cancamusa que acompaña, no acaban de convencerme, pero como ejercicio de estiramiento... Además, es algo que se hace con tranquilidad y sin prisas —porque no quiero ni mencionar las clases de hiphop a las que asistí durante dos meses, eso merece un *diario* aparte—. Con esto del yoga, pues me dije: «Mina, al menos te dan tiempo a pensar en qué posturita te vas a poner». Cuando vi a la profe, me decidí: una mujer más vieja que una montaña, con manifiesto sobrepeso troncular. Mal se me tenía que dar para ser menos flexible que alguien que, sin duda, padecía artrosis avanzada. Mis queridos *padawan*, si me estáis todavía leyendo: ¡¡¡nunca deis nada por sentado!!! A esta mujer debían haberle extirpado las costillas, o le habían puesto alguna prótesis en las articulaciones con un rango de movilidad mucho mayor al anatómicamente normal. A ella y ¡¡¡a todos los de la clase!!! Que yo salí y lo primero fue preguntarle a una compañera:

—¿Oye, y el posoperatorio para esto del yoga es muy doloroso?

Ahora ya empezaba a hacerme una idea de que esto de alinear chacras te lo hacían pasando por cirugía, seguro.

Y es que el asunto del yoga empieza facilito, para que te confíes y eso. La yogui se estrenó con la postura de la montaña, que básicamente es estar de pie y con los brazos extendidos al techo. ¡Claro!, yo me vine arriba: llevábamos ya cinco minutos de clase y ¡¡lo estaba clavando...!!

Después llegó la postura del guerrero. Ahí ya adelanté la pierna que no era, pero bueno, para un notable alto yo creo que sí estaba. Pero la cosa empezó a complicarse: había que guardar el equilibrio sobre una pierna y además concentrarse en la respiración... Escuchad, que yo o intento mantener la postura o sigo respirando, las dos cosas a la vez, ¡¡pues no!! Me caí varias veces y como quería quitar hierro al asunto, me reía intentando tranquilizar a mis compañeros. Al parecer te tienes que reír más bajito, se ve que los chacras deben ser sensibles al sonido y a la luz. Que ya debí sospecharlo al entrar, que aquello estaba todo en penumbra y con una musiquita que te daban ganas de echarte la siesta. Tres esguinces y dos chichones fue el balance de mi primera clase. Bueno, yo no me rendí y aguanté hasta que en urgencias ya querían cobrarme las vendas, y oye..., se me salía de presupuesto.

Montse dice que ella no se va a apuntar al yoga en el mar, que ella ¡¡se marea!!

Yo le he respondido, intentando no poner una evidente cara de alivio:

—Ah, pues si tú no te apuntas, yo paso.

Porque con el equilibrio que tengo y lo bien que nado, igual me cierran el acceso a la playa este verano. Mejor no tentar a la suerte.

Queridos *padawan*, ¿sabéis dónde uno no se marea y no es necesario mantener el equilibrio o la coordinación? ¡En una librería! No dejéis de leer nunca.

Dra Ladoc

DEPORTES DE RIESGO

Querido *dario*:

Me da la sensación , últimamente, de que hay un auge de los deportes de riesgo. Tengo que confesar que nunca he sido muy entusiasta de este tipo de deporte. No sé, llamadme rara, pero a mí es que me hace más ilusión... pues morirme en casa, en pijama a ser posible, en plan cómodo. Y si no es pedir demasiado, de una pieza y de vieja. Que vine con veinte dedos al mundo y mira, extravagancias mías, me gustaría ser enterrada con todos. Un capricho que tengo, tú. Hay gente que quiere que la entierren con el anillo de la abuela, o con los gayumbos de la suerte... Que estos últimos ya están pensando en la otra vida, o si no, no me lo explico. Porque, a ver, que estás muerto... Suerte, lo que se dice suerte, pues mucha no te han dado los gayumbos... ¡¡Que la has palmado, tío!! ¡¡Tú verás!! Sin embargo, yo con estar de una pieza, pues ya me conformo. Soy así, de pedir poca cosa.

A mí, esta gente que va a escalar el Everest y cada vez que lo hace pierde uno o dos dedos, no sé, me parece rara. Porque, ¿qué hay allí arriba aparte de nieve y poco oxígeno? Que la nieve está muy sobrevalorada, pero si te gusta, pues vale; pero lo del poco oxígeno a mí no me atrae nada. ¡Tengo yo un vicio con lo de respirar...! ¡¡Todo el día respirando me paso!! ¡¡Hasta durmiendo, no os digo más!! Vamos, un claro caso de dependencia al oxígeno, y yo para pasar un síndrome de abstinencia allí arriba, no sé, no lo veo. Entonces, me dicen que allá arriba ¡hay unas vistas! ¿Lo hacen por las vistas? Jolines, si es por eso, te sale más a cuenta comprarte un billete de avión y reservar asiento de ventanilla. Aunque con la reserva de asiento, la maleta de cabina, el embarque premium, y si te tomas un par de zumos en el avión, te sale por un pico también... Pero ¿¡¡le vas a poner precio a tus dedos!!? ¡¡Venga ya!! Que después vas a comprarte un par de guantes y no te queda ninguno bien, ¡hombre! Aunque algo deben dar allá arriba, porque bajan medio muertos, con tres dedos amputados por congelación y ya están planeando volver a escalarlo. ¡¡Pero si ya has estado!! ¡¡Con lo grande que es la Tierra!! ¡¡Prueba en otra parte!! ¡¡No sé, cambia!! ¡¡Aventúrate con el golpe de calor!! ¡¡O nadar con tiburones!! Así varías un poco la forma de arriesgar la vida.

O esta otra gente que se tira en paracaídas, y se graban con esas caras deformadas por el viento; que para reírse un ratito, no te digo yo que no. Pero oye, se vician y ale, a tirarse, y otra vez, y otra. Y de esto hay gente que se ha muerto, que yo lo he leído en alguna ocasión, ¿eh? Porque en una de estas no se abre el paracaídas y vete a buscar los cachitos por la montaña, ¡¡un pateo...!! Esta gente no piensa en los demás. Porque vale que tú te mueres, pero le jodes el puente o el fin de semana a alguien, seguro. ¡Claro! siempre hay un pie que no sale por ningún lado y allí tienes a los pobres que se dedican a esto —a los buscadores de trocitos de paracaidista, o como quiera que se les llame—, con los billetes para ver el Everest desde el avión comprados y sin poder embarcar hasta que encuentren el pie que falta. Poca empatía veo yo ahí.

De todas maneras yo ya he caído en las garras de esta moda y también practico un deporte de riesgo... ¡¡a diario!! ¿Quién me lo iba a decir? Pues sí. Aquí una servidora conduce cada día por la ciudad de Valencia. ¿Cómo os habéis quedado? ¡¡Terrorífico!!, ¿no? Pues sí, lo hago, lo hago. Me río yo de la conducción en Italia y su *e vietato, ma si può* (está prohibido, pero se puede). ¡¡¡Eso ya se inventó en Valencia!!! Aquí sales del garaje y te metes en la jungla, las señales que limitan la velocidad son decorativas. Que síííí…, ¿no hemos construido en Castellón un aeropuerto que no se usa? ¡¡Decorativo también!! La estética nos pierde a los valencianos y con el *això ho pague jo* (esto lo pago yo), pues se nos está quedando una *Comunitat* de lo más guapa. Pues con las señales igual, que no te digo yo que no queden chulas, pero bueno, opciones hay mil. Eso sí, respetarlas solo se respetan en los túneles, porque han puesto radares… Los túneles son como una parada en boxes (para que me entendáis). Tú vas a 90 km/h por la Av. De los Hermanos Machado (zona urbana) y de golpe hay que frenar, ¡¡claro!!, ¡¡túnel!!, en cuanto pasas el radar, la carrera sigue de nuevo.

En mi opinión, lo peor son las rotondas… y los BMW. Las rotondas porque la gente sale de ellas cuando le da la gana. ¿Que tengo que cruzar cuatro carriles para salir? ¡¡Pues se cruzan!! Y si me da la gana le pego una pitada al del carril exterior por no dejarme pasar… ¡Ah! ¿Qué tiene preferencia? ¡¡Pues la pitada ya se la lleva puesta!!

A los BMW hay que evitarlos. Eso lo sabe todo el mundo, hasta en las autoescuelas ya han puesto un par de preguntas de test en este sentido. A la gente que se compra un BMW le dicen en el mismo concesionario que no se preocupen, que van equipados con todo de serie, pero todo todo. Claro, no les aclaran que hay que ponerlo en marcha (yo creo que ahí está el fallo). Porque ¿alguien ha visto alguna vez que un BMW encienda el intermitente? Que yo de coches no entiendo nada, pero juraría que también lo llevan de serie. Que igual lo hacen por no gastar, que ya se sabe que el mantenimiento de estos autos, barato, lo que se dice barato, pues no es. Además, se han dado casos de conductores de BMW que no pasan la ITV por no saber encender el intermitente ¡al no tener costumbre, no lo encuentran, fíjate! ¡Una putada!

Lo que sí tiene Valencia es que se respeta mucho el carril bus. ¡¡Cómo para no respetarlo!! Y eso que los conductores de la EMT sí usan los intermitentes, sí, sí, sí... Lo que se pasan ellos por el forro... ¡¡son los retrovisores!! Ya ves, cada uno tiene sus manías. Ellos avisan de que van a cambiar de carril y tú ya te apartas. ¡Para que digan que el tamaño no importa! ¡¡Hasta los taxis respetan a los autobuses!! Los buses vienen a ser como el león en la jungla de asfalto.

Y así paso yo mis días, con la adrenalina a tope, porque tengo que cruzar toda Valencia de sur a norte para ir a currar. Arriesgando la vida. Circulando a lo loco por las rotondas. Eso sí, el día que me siento más intrépida y quiero emociones más fuertes... ¡¡Me monto en un taxi!! Buaaaah, eso sí es vivir la vida a tope. Los catalanes tienen Port Aventura; los de Madrid, la Warner; y los valencianos tenemos los taxis.

Con quien no me vuelvo a montar en coche, es con la policía. Esos están muuuuy locos. Pero muchísimo. Con deciros que no respetan ni el carril bus. Se lo saltan todo: semáforos, señales, rotondas, intermitentes... Yo trabajaba en un centro de salud hace años y cuando te ponían un aviso a domicilio por la noche, pues venía la policía y te acompañaba, por si acaso te asaltaban... Llegué a la conclusión de que prefería enfrentarme a los asaltantes, ¡¡era más seguro, tú!! ¿Qué podían hacerte? ¿Asestarte un navajazo? ¡¡Preferible!! Me llevaron en coche policial una noche a certificar una defunción, que yo no paraba de decir, «si no hay prisa, que ya está muerto...». Pues nada, luces, a todo gas, una locura... Me río yo de los del Everest. Con deciros que salí del coche decidida a hacer testamento a la mañana siguiente...

Para los que queráis emociones, sin arriesgar la vida, tengo siempre la solución: la lectura, mis queridos *padawan*. Leed, insensatos, y si podéis evitarlo, no subáis en un coche policial.

Dra. Ladoc

VIAJAR EN AVIÓN

Querido *dario*:

Hoy he vuelto al trabajo después de unas efímeras vacaciones. ¡Qué cosa tan estupenda que son las vacaciones! ¡Qué bonito es viajar en vacaciones! Aunque si lo analizo bien, viajar estaría mucho mejor si poseyera el superpoder de la teletransportación. La verdad es que últimamente les estoy empezando a coger un poquito de manía a las compañías aéreas. ¡¡¡Y sé que es algo incomprensible!!!, porque dan un servicio estupendo, no como antiguamente las diligencias, tiradas por caballos, que debías llegar con el culo lleno de cardenales por el traqueteo y además, con lo que se tardaba, consumías la mitad de los días libres durante el trayecto.

Ahora no, ahora tenemos aeropuertos, aviones, compañías aéreas que se desviven por tu confort. Se nota que están pendientes de cualquier detalle. Velando por tu bienestar y por tu protección.

Además tiene un caché esto de ir al aeropuerto, ¿eh?, puedes fardar con tu chico o con tu chica. ¿Para qué ir a cenar un restaurante de tres estrellas Michelin? Un día es un día, vais al aeropuerto y, por el mismo presupuesto, os podéis pedir un par de botellines de agua y dos bocadillos, y te sientes millonario por una noche.

Después está el tema de la seguridad. Aunque yo casi preferiría el riesgo. Tengo que explicaros que no sé por qué —será que he comido muchas lentejas de pequeña y tengo una cadera de titanio o algo—, pero el arco sieeeeempre me pita. Claro, yo ya voy con miedo. Me quito todo: reloj, cinturón, pulseras, zapatos... Intento llevar ropa ligera y que vean que no escondo ninguna cosa. No hay nada que hacer, ¡¡me pita!! Vamos que no valgo de mula ni de traficante de nada... Me van a parar, seguro. Yo ya paso con los brazos en cruz, porque sé que va a tocar cacheo. Unas veces el cacheo es superficial y pasa sin pena ni gloria... La gente te observa un poquito en plan... «Mírala ella, con esa carita de buena y tan chiquitita y a saber qué llevará escondido». Porque eso se nota, la gente ya no te mira igual. Están los que aprueban el arco a la primera y después los sospechosos. Pero en otras ocasiones han llegado a tal nivel de magreo que, en un aeropuerto escocés, al acabar el registro, un tipo de la cola me dio su tarjeta por si quería subir el vídeo a alguna página de porno *amateur*. Una vergüenza, ¡tú...! Menos mal que no venía mi madre.

Pues esta vez en el viaje de ida, no me pitó... Y yo taaan contenta. Creo que fue por eso que me apartaron a un lado y me dijeron con muuuucha amabilidad «¡¡Espérese aquí!!» Como soy muy educada y sabéis que la elegancia es el *leitmotiv* que rige mi vida, ignoré ese tono entre autoritario y de oficial de la Gestapo y obedecí con una sonrisa. Eso sí, en los aeropuertos no son mucho de sonreír, en fin, no se puede pedir todo. Entonces, me pasaron unas tiras por las manos y por la cintura, y después las metieron en una maquinita... Yo estaba, para qué negarlo, un poquitín nerviosa. Veréis, me había comido un dónut y ya iba pensando que igual no me dejaban pasar por tráfico de chocolate. Después mi chico me aclaró que era otro tipo de chocolate, el del tráfico, digo. Bueno, al final pregunté lo de la maquinita para qué era. Porque son taaaan considerados que no te cuentan nada para que no te preocupes o te alteres. Seeeeh, son muy mirados con tu bienestar. Resulta que buscaban trazas de explosivos. Y menos mal que me lo dijeron al final, cuando ya vieron que no había. Porque una es valenciana y los valencianos llevamos la pólvora en las venas. Que igual la ropa la había llevado en fallas y ya se sabe que hay mucho petardo suelto y los *masclets* los carga el diablo.

La cuestión es que al tenerme tanto tiempo retenida con las pruebas de los explosivos, pues mi bolso, maleta, reloj, pulseras, zapatos... ya habían pasado por control hacía un tiempito y les había perdido la pista. Pero como en los aeropuertos lo que hay es gente con mucha clase y nunca se les cuelan rateros o traficantes, solo pensé por cinco segundos que me habían robado. Pero noooo, allí a lo lejos, en un rincón estaban mis cosas, intactas. También pensé «A ver quién coj**es tiene valor para robarle la maleta a una sospechosa de llevar explosivos». Y es que la fama de malota puede que te dé algunas ventajas.

Y me diréis que con todo esto, ¿por qué estoy un poquito disgustada con las compañías? Pues..., cierto que los viajes son más rápidos que los que se hacían en diligencia, pero en esta ocasión para facturar nos dijeron en un primer momento que estuviéramos un par de horas antes, y después que por las huelgas y las retenciones, mejor que fueran tres. Además, resulta que cada vez puedes facturar menos kilos. Y como te pases, pues eso, pagas tanto que te sale a cuenta comprarte la ropa al llegar al destino. Y digo yo, ¿por qué no puedo pasarme yo un par de kilos en el equipaje? A mi lado había un alemán que vale que su maleta pesaba un kilo menos que la mía, pero él me doblaba en tamaño. ¡¡Pues una cosa por otra, tú!! Sigo, que me desvío del tema. Ahora viene el desvestido, cacheo obligatorio y vuelta a ponerte las cosas encima, eso también retrasa un poco el asunto. El embarque, que esta vez, se demoró casi una hora. Que después de subirnos al avión nos tengan un par de horas retenidos porque no había pistas. Imagínate que hasta nos ofrecieron un vaso de agua ¡¡gratis!! Yo no tenía sed, pero me lo bebí igual, porque es ¡¡¡agua de aeropuerto!!! Es casi tan cara como la tinta de impresora, ¡¡como para no beberla!! Después vuelas y turbulencias, que cardenales en el culo no te salen, pero se te suben los ovarios a la garganta. Aterrizaje, aplauso de los viajeros... Eso del aplauso aún no sé muy bien por qué es, ¿quizá aterrizar sin estrellarse no era el final esperado?, a mí siempre me dio mala espina ese aplauso; en fin, la gente lo hace siempre y yo, por no resultar ya más sospechosa, también. Te suben a un autobús, te llevan a la recogida de equipajes; el mío (el equipaje) siempre sale el último, ¿por qué? ¡¡yo qué sé!! Pues igual mi maleta se entretiene ligando con algún neceser, ¡¡a saber!! Pero eso es así, siempre sale la última. Total, que para hacer un recorrido de unos 800 km había tardado once horas. Os digo yo que hay ciclistas que hacen mejores tiempos.

Mira si tardamos, que habían empezado los *castings* para enviar a alguien al pasado a anunciar una lejía.

Eso sí, la ventaja: puedes leerte un par de libros en cada trayecto. Así que viajad y leed, insensatos. Y si pasáis por el arco de seguridad sin que os pite, no os alegréis mucho y poned cara de póquer.

Dra. Ladoc.

AGRADECIMIENTOS

Mi principal agradecimiento es para mis lectores. Tanto aquellos que ya me seguían en Facebook, como aquellos que han descubierto mis escritos con este libro. Sois el objetivo más importante en la vida de esta escritora. No hay mayor retribución para mí que el que alguien se tome la molestia de leer aquello que escribo. Por lo tanto, GRACIAS, así, con mayúsculas.

Gracias también a mi compañero de vida, Pablo, por su capacidad extraordinaria de amar, perdonar, consolar y no salir huyendo hasta en los momentos más duros. Gracias por tu paciencia infinita. De ti aprendí que los hechos son mucho más importantes que las palabras. Gracias por estar, por seguir, SIEMPRE y PASE LO QUE PASE.

Gracias a mi familia (mamá, Cárol, Sergio y Diego), por quererme incondicionalmente, porque siempre están, por ser mi refugio y mi paz. Y gracias también a mi familia política por hacerme sentir tan querida (Rosa Mari, Jesús, Male, Miguel, Vero y Mayi).

Gracias a esos *padawan* que se tomaron la molestia (algunos de ellos en más de una ocasión) de recorrer esa distancia que nos separaba y así tener la oportunidad de conocernos en persona: Marta García Tardón, Hector H. López, Sergio Pineda, María Jerez, Lorena Larrañaga, Alejandro Herrera, Vicente Carbonell, Mari Luz Montes, Jesús Rodríguez...

A esos otros *padawan*, que sin llegar a conocerlos en persona, se han convertido en parte de mi día a día y tanto me alegra verlos visitar mi muro. No pongo nombres por miedo a dejarme a alguno, además ellos saben perfectamente quiénes son.

Gracias en especial a mi amiga Mari Luz Montes, por creer en todos mis proyectos, por ayudarme tanto, por estar cada día y siempre que la he necesitado. Una persona de una calidad humana excepcional, además de ser una profesional inigualable. Te quiero, Lilu.

Gracias a mis chicas del Aquelarre (Vicky, Encarna, las dos Elenas, Sonia y Ágata), por su apoyo impagable, por su cariño y por ser unas brujas estupendas. Y un agradecimiento especial a Vicky, por sus fantásticas ilustraciones, por creer siempre en mí, por animarme cada día y por creer que eres tú la suertuda al conocerme cuando yo sé que es justo al revés. Eres estupenda, amiga.

Y gracias a Pepa Sánchez, cuyo cariño puede envolverte para protegerte de todo. Por su ayuda silenciosa, por sus visitas a la consulta y por sus palabras siempre acertadas.

Una mención especial a mis dos *agentes literarias* que tantos libros me han vendido y por su labor dando a conocer mi obra: Estela Laín y Montse Gimeno. Gracias por creer en mí y en mi obra.

Infinitas gracias al maravilloso Jesús Manzano (cómico y guionista) por hacer un hueco en su imposible agenda y escribir ese maravilloso prólogo sin tener que pensárselo dos veces y en un tiempo récord.

Sé que me dejo a mucha gente a la que agradecer su apoyo y su cariño. A todos los llevo en el corazón.

BIOGRAFÍA

Mina M. Ladoc nace un verano en Gandía. Desde muy temprana edad lee todo aquello que cae en sus manos y se convierte en una apasionada de la literatura, aunque, a pesar de ello, se decanta por los estudios de ciencias. Licenciada en Medicina y Cirugía por la Universidad de Valencia, se especializa en Medicina Familiar y Comunitaria. Actualmente vive en Valencia donde ejerce la medicina y trabaja desde hace más de veinte años atendiendo a adolescentes con problemas.

En el año 2020 publica su primera novela de fantasía épica juvenil «Ídagan. Las cuatro torres». A partir de este momento abre una página de Facebook donde subirá publicaciones relacionadas con la gramática, la ortografía, la sintaxis, pequeños relatos y sus aplaudidos *darios* para todos sus seguidores, a los que llama cariñosamente sus *padawan*. Su interés por estos temas la lleva a completar su formación y titularse como correctora ortotipográfica.

Este es su segundo libro en solitario en el que recopila algunas de sus publicaciones en redes junto con otras inéditas.

https://www.facebook.com/mina.m.ladoc
https://www.instagram.com/mmladoc/

OTROS LIBROS DE LA AUTORA

Ídagan. Las cuatro torres

Las tierras de Ídagan están agonizando y sucumben ante el avance inexorable de Váldoscur, el Nigromante. Desde que el Señor Oscuro de Gorgon atacó la Torre de los Arcontes, el futuro de Ídagan está en manos de terribles criaturas. De las cuatro Torres Guardianas, solo la Torre de Cristal, bajo la protección de la Maga Blanca, ha conseguido resistir. En nuestro mundo, Lug y su mejor amigo Mat conocerán a Anne, una nueva chica que ha llegado de Escocia. Los tres amigos correrán incontables aventuras y peligros cuando se vean envueltos en la importante misión de salvar Ídagan de la oscuridad.